咬定青山不放松

读懂中国：中国方略与世界格局

郑必坚 ◎ 著

中信出版集团 | 北京

图书在版编目（CIP）数据

咬定青山不放松：读懂中国：中国方略与世界格局 / 郑必坚著 . -- 北京：中信出版社，2025.4. -- ISBN 978-7-5217-7490-0

I . D61

中国国家版本馆 CIP 数据核字第 2025D33101 号

咬定青山不放松——读懂中国：中国方略与世界格局
著者：　郑必坚
出版发行：中信出版集团股份有限公司
（北京市朝阳区东三环北路 27 号嘉铭中心　邮编　100020）
承印者：　北京联兴盛业印刷股份有限公司

开本：880mm×1230mm 1/32　　印张：5.25　　字数：75 千字
版次：2025 年 4 月第 1 版　　　　印次：2025 年 4 月第 1 次印刷
书号：ISBN 978-7-5217-7490-0
定价：59.00 元

版权所有·侵权必究
如有印刷、装订问题，本公司负责调换。
服务热线：400-600-8099
投稿邮箱：author@citicpub.com

2013年第一届"读懂中国"国际会议

会场

从左到右依次为：尼古拉斯·博古睿（博古睿研究院院长）、埃内斯托·塞迪略（墨西哥前总统）、郑必坚（中国国家创新与发展战略研究会创始会长、学术委员会主席）、葛振峰（中国人民解放军原副总参谋长）。

（图片来源：中国国家创新与发展战略研究会）

郑必坚

(图片来源:中国国家创新与发展战略研究会)

2015年第二届"读懂中国"国际会议

郑必坚与墨西哥前总统埃内斯托·塞迪略

（图片来源：中国国家创新与发展战略研究会）

郑必坚与新加坡前总理、荣誉国务资政吴作栋

（图片来源：中国国家创新与发展战略研究会）

郑必坚与美国总统国家安全事务助理杰克·沙利文

（图片来源：中国国家创新与发展战略研究会）

郑必坚

(图片来源:中国国家创新与发展战略研究会)

2018年第三届"读懂中国"国际会议

"读懂中国"丛书首发式及电视片开机仪式

从左到右依次为:郝叶力(中国国际战略学会高级顾问)、何毅亭(中国改革开放论坛理事长)、李忠杰(中共党史学会副会长,中共中央党史研究室原副主任)、李君如(中国国家创新与发展战略研究会学术委员会常务副主席、中央党校原副校长)、王蒙(中国当代作家,原文化部部长)、蒋建国(中央宣传部原副部长、第十四届全国政协常委、民族和宗教委员会副主任,中国人权研究会第五届理事会常务副会长)、郑必坚(中国国家创新与发展战略研究会创始会长、学术委员会主席)、白春礼(第十九届中央委员,中国科学院院士、化学家和纳米科技专家)、胡富国(山西省原省委书记)、陆彩荣(中国出版协会副理事长,中国外文局原副局长)。

(图片来源:中国国家创新与发展战略研究会)

郑必坚与中央宣传部原副部长蒋建国

（图片来源：中国国家创新与发展战略研究会）

郑必坚与清华大学客座教授马丁·雅克

（图片来源：中国国家创新与发展战略研究会）

郑必坚

(图片来源:中国国家创新与发展战略研究会)

2019年第四届"读懂中国"国际会议

郑必坚与巴基斯坦前总理肖卡特·阿齐兹（左起第三位）

从左到右依次为：牟卫民（中国国家创新与发展战略研究会学术委员会秘书）、王博永（中国国家创新与发展战略研究会副会长兼秘书长）、肖卡特·阿齐兹（巴基斯坦前总理）、郑必坚（中国国家创新与发展战略研究会创始会长、学术委员会主席）、李君如（中国国家创新与发展战略研究会学术委员会常务副主席、中央党校原副校长）、冯炜（中国国家创新与发展战略研究会副会长）。

（图片来源：中国国家创新与发展战略研究会）

郑必坚与德国荣根财团总裁彼得·荣根

(图片来源：中国国家创新与发展战略研究会)

2020年第五届"读懂中国"国际会议

"全面小康和脱贫攻坚的中国实践与世界贡献"专题展览

左一为牟卫民(中国国家创新与发展战略研究会学术委员会秘书),左二为李君如(中国国家创新与发展战略研究会学术委员会常务副主席、中央党校原副校长),右一为郑必坚(中国国家创新与发展战略研究会创始会长、学术委员会主席)。

(图片来源:中国国家创新与发展战略研究会)

郑必坚

(图片来源:中国国家创新与发展战略研究会)

2021年第六届"读懂中国"国际会议

郑必坚

(图片来源:中国国家创新与发展战略研究会)

2023年第七届"读懂中国"国际会议

郑必坚与巴基斯坦"读懂中国"论坛理事长扎法尔·乌丁·马赫默德

（图片来源：中国国家创新与发展战略研究会）

郑必坚与奥地利前总理沃尔夫冈·许塞尔

（图片来源：中国国家创新与发展战略研究会）

会场

前排从左到右依次为：伊萨姆·沙拉夫（埃及前总理）、郑必坚（中国国家创新与发展战略研究会创始会长、学术委员会主席）、沃尔夫冈·许塞尔（奥地利前总理）、伊什梅尔·卡尔萨考（瓦努阿图共和国前总理）。

（图片来源：中国国家创新与发展战略研究会）

郑必坚

（图片来源：中国国家创新与发展战略研究会）

2023年"读懂中国·湾区对话"专题论坛

郑必坚与CFA协会全球合作伙伴关系及客户解决方案董事总经理保罗·穆迪（左起第二位）

（图片来源：中国国家创新与发展战略研究会）

郑必坚与比利时前首相伊夫·莱特姆（右起第一位）

左起第二位：李君如（中国国家创新与发展战略研究会学术委员会常务副主席、中央党校原副校长）。

（图片来源：中国国家创新与发展战略研究会）

郑必坚

（图片来源：中国国家创新与发展战略研究会）

目 录

序　言　共庆"读懂中国"国际会议启动十周年　III

中国十年巨变
——砥砺奋进，创新发展

大变动·新觉醒·两重性
——从经济全球化历史发展，
看21世纪第二个10年中国的基本走向　003

"赶上时代"和中国共产党　012

读懂改革开放再出发的中国　026

"改革开放再出发"
——一个贯通全局的重大命题　035

大变局、大考验、大合作　046

中国特色社会主义在21世纪的根本走向　055

百年变局下的中国新作为　063

中国式现代化与世界的中国机遇　071

第一部分

第二部分

"读懂中国"新平台
——四论"咬定青山不放松"

一论"咬定青山不放松"
——2021年新年致辞　　083

二论"咬定青山不放松"
——关于国创会在开春两个月集中总结经验的一点儿建议　　090

三论"咬定青山不放松"
——关于"读懂中国"在21世纪第三个10年再上新台阶之纲目设想　　100

四论"咬定青山不放松"
——在"读懂中国·湾区对话"闭幕后，会内同志聚餐时的谈话　　107

第三部分

"咬定青山"二十条

"咬定青山"二十条　　119

序　言

共庆"读懂中国"国际会议启动十周年

"读懂中国"国际会议，从2013年11月1日开幕的第一届会议算起，到2023年12月1日开幕的第七届会议，整整十周年了。回顾这十年，我们中国国家创新与发展战略研究会（以下简称"国创会"或"研究会"）的全体同志，在习近平总书记和党中央的亲切关怀和有力指导下，紧紧围绕"读懂中国，也要读懂世界，读懂大变局时代"这17个大字，同心同德，坚持不懈地干起来。干出了水平，干出了成果，干出了中国和平崛起对国内和国际的重大积极影响，这实在令我们大家感到振奋。我们当然还要遵照习近平总书记在给第七届"读懂中国"国际会议的贺信中提出的"读懂中国，关键要读懂中国式现代化"的新要求，以更大干劲、更高水准、更广大的视野和更持久的耐力，干得更好。这不仅是中央要求我们的，也是时代要求我们应有的精神状态。借用诗人郑板桥的一句有名诗句，我把这样的精神状态就叫作"咬定青山不放松"。

　　写这几句话，作为对"读懂中国"国际会议启动十周年的贺词，与我们研究会的全体同志共勉。

郑必坚
二〇二三年十二月

第一部分

中国十年巨变
砥砺奋进，创新发展

大变动·新觉醒·两重性

从经济全球化历史发展，
看 21 世纪第二个 10 年中国的基本走向[①]

一

我多年一贯的全部思考，如果用一句话来概括，就是 6 个字："大变动、新觉醒"——"以中国和平崛起为主题的中国大变动、新觉醒"和"以世界和平发展为主题的世界大变动、新觉醒"。从近代以来中国和世界历史发展的角度来看，这样一种"大变动、新觉醒"，乃是一个前所未有的伟大进程。而这个进程，在中国，可以说从 1978 年中共十一届三中全会就开始了，在世

[①] 本文源于 2013 年 11 月 2 日作者在北京举行的 2013 年"读懂中国"国际会议上的演讲。

界，从 20 世纪 70 年代越南战争结束之后就逐步启动了。从那时到现在不到 40 年，中国和世界都发生了新的巨大变动。这样的大变动还将持续下去。也许可以说，真正的大文章还在后头。

二

我们先来回溯一点儿历史——联系近代以来三轮经济全球化的发展历程，看中国人是怎样走过来的。

事情要从 19 世纪中叶"鸦片战争"说起，从那时以来几代中国人的两大历史性追求说起。所谓两大历史性追求，就是一要求得民族独立和人民解放，二要实现国家富强和人民幸福。简而言之，一要救亡图存，二要振兴发展。正因为近代以来历史上我们这个民族多灾多难，所以这两大历史性追求，就成为对整个中华民族，包括对中华民族的各个阶级、各个政党及其领导者的最大考验，从而也就成为鸦片战争以来多少代中国人为之前赴后继、不懈奋斗的最深层动力和最崇高目标。

直到 20 世纪 50 年代，1956 年，毛泽东同志还这样说，中国如果不能把自己建设成伟大的社会主义国家，"那就要从地球上开除你的球籍"！[①] 时至今日，我们也许还应当说，如果我们不能在 21 世纪上半叶跨越"中等收入陷阱"，成功实现工业化，进而实现现代化，实现中华民族伟大复兴，我们迟早还是会在"第三次工业革命"的全球化浪潮中，面临被"开除球籍"的危险！所以，近两个世纪以来，先进的中国人在内忧外患中产生的"救亡图存"和"振兴发展"的深刻理念，就是当代中国人"中国梦"的最根本的逻辑起点和历史起点。

鸦片战争爆发后 173 年间，中国经历了大变动，世界也经历了大变动，而这两方面的大变动又是紧密相连的。如果要问这种历史关联的内在脉络是什么，我认为一个最简要的回答就是，世界范围发生了三轮经济全球化，而中国的国家命运发生了与之相伴随的三次大转折。

大体而言，第一轮经济全球化开始时即 1750 年前

---

① 中共中央文献研究室. 增强党的团结，继承党的传统（1956 年 8 月 30 日）[M] // 毛泽东文集：第七卷. 北京：人民出版社，1999.

后，那时正处于落日辉煌之中的清朝乾隆皇帝，他的"天朝大国"梦做得正香。而英国，从1750年起就开始了产业革命。到1840年，英国国内铁路网建成，标志着其产业革命基本完成。恰恰就在这一年，英国人发动了一场对中国的鸦片战争，使中国开始沦为半殖民地半封建社会！可见1840年对中英两国都是很要紧的年份。它是英国兴旺的标志年，又是中国沦为半殖民地半封建社会的起始年。从此以后，中国人的"救亡图存"和"振兴发展"之梦就开始了。由此激发旧民主主义革命一浪接一浪地起来，直到孙中山领导推翻帝制、建立民国。中国革命的先行者孙中山首先喊出"振兴中华"的口号，开创了完全意义上的近代民族民主革命，但是辛亥革命未能改变旧中国的社会性质，导致国势继续衰败。整体来说，在18世纪中叶到19世纪末这第一轮经济全球化100多年的历史进程中，中国人不但没有抓住机遇，反而被打入谷底，成为经济全球化和资本殖民主义的最大受害者。这就是第一轮经济全球化与中国之命运。

那么第二轮经济全球化是什么情景呢？19世纪末

20世纪初，西方资本主义国家进入了金融资本统治阶段，即帝国主义阶段。由于后起帝国主义国家重新瓜分世界，因此两次世界大战使第二轮经济全球化中断了，断裂了，逆转了。与此同时，战争引起革命。两次世界大战，先后在资本帝国主义统治的薄弱环节引发了两次大革命。先是俄国十月革命，后是毛泽东同志和中国共产党领导的中国人民大革命和中华人民共和国的建立。与第一轮经济全球化的时代完全不同，这一回中国人抓住第二轮经济全球化断裂的时机起来革命，由此获得了真正的国家独立和人民解放，打开了实现近代以来中国人历史追求和历史进步的大门。这就是第二轮经济全球化与中国之命运。

那么第三轮经济全球化又是什么情景呢？第二次世界大战后，经过一个过渡时期，包括美国在越南战争中失败和苏联在阿富汗战争中失败以后，有资格打世界大战的两个超级大国的全球战略部署先后遭受重挫。大体从20世纪70年代中期到80年代中期起，世界一步一步进入以"和平与发展"为时代主题的历史新阶段，新科技革命和第三轮经济全球化起来了。在这第三轮经济全球化潮流中，搞大国争霸和僵化社会主义模式的苏联共产党和苏联垮台了，而中国人又抓住新的时机，自我改革、自我完善，使中国摆脱贫困落后、封闭僵化的状态，加快发展起来。从1978年十一届三中全会开始，中国共产党确定以经济建设为中心，实行改革开放，开创了一条在同经济全球化相联系而不是相脱离的进程中独立自主建设中国特色社会主义的道路。这条道路，从统筹国内国际两个大局的角度来说，也就是和平崛起或和平发展的道路。这就是第三轮经济全球化与中国之命运，至今走过了35年。

不到40年，中国和世界都发生了新的大变动，看来这样的大变动还将持续下去。

三

当然，世界上的事情是复杂的，是由多方面因素决定的，而且无论是中国的还是世界的大变动，往往呈现令人眼花缭乱的"两重性"发展。即以当前的大国动向而论，一方面，和平发展是主流，各国利益相互依存日益广泛而深入；另一方面，霸权主义、强权政治仍然是个别大国的行为特征。新型大国关系和传统大国关系并存，而前者尚处于较为脆弱的新生态势，后者则盘根错节，相当顽固。在这样一种大背景下，人类社会无非有三种选择、三种作为：一是固守冷战思维，搞各种形式的冷战；二是世界大战虽然打不起来，却可以搞局部热战；三是走新路，构建国家之间、地区之间各种形式的利益汇合点和利益共同体，以谋求共同发展。对于前两种作为，中国人都领教过，我们的态度第一是反对，第二是不怕。我们主张的是第三种选择、第三种作为，即在经济全球化条件下，在努力办好自己国家的事情包括必要的国防建设、国家安全的基础上，坚定不移走和平发展道路，同世界一切相关国家和地区——首先是周边国家和地区，构建和发展利益汇合点、利益共同体。

总而言之，21世纪第二个10年世界范围内大变动、新觉醒的伟大进程，无疑将充满"两重性"相交织的复杂事变，而其复杂和深刻程度，也许甚至将远远超出基于经验和常规的判断。但是，即便如此，我仍然坚信，大变动、新觉醒是主流、是大势，将不可阻挡地继续发展。

中国大变动、新觉醒和世界大变动、新觉醒的真正大文章还在后头！说到这里，我想也许可以在我开头所说的6个字——"大变动、新觉醒"——之后，再加3个字——"两重性"，共9个字，以此作为我全部思考的概括。

四

最后我还要特别说到一点：中国有句老话——"人之相知，贵相知心"。中国国家创新与发展战略研究会、中国人民外交学会同21世纪理事会的合作，虽然时间不长，但是已经形成一系列共识，其中最主要的就是我们大家都认为，当今世界各国之间在拓展"利益汇合点"基础上形成"利益共同体"，这反映了时代潮流、发展趋势，应成为 21 世纪国际关系的核心特征。与此同时，我们大家又都预期，中国坚持走和平崛起的发展道路是不可改变的战略选择，是当代世界和平发展的最重要动力之一。有了这两点主要共识，中国与世界的关系问题，其大轮廓就清晰了。

"赶上时代"和中国共产党[①]

一

要读懂中国的发展战略，离不开读懂中国共产党。这是因为，中国特色社会主义最本质的特征就是中国共产党的领导。今天的中国共产党，一个鲜明的特点和优点就是同以"和平与发展"为主题的时代相联系，而不是相脱离。邓小平同志有句名言："我们要赶上时代，这是改革要达到的目的。"[②]

---

① 本文源于2015年11月2日作者在北京举行的2015年"读懂中国"国际会议上的演讲。
② 邓小平. 改革的步子要加快（1987年6月12日）[M] // 邓小平文选：第三卷. 北京：人民出版社，1993.

二

中国共产党成立于1921年，至今已近百年。今天的中国共产党，不仅将在其建党百年即2021年之际，在中国全面建成小康社会，而且还矢志到新中国成立百年，即到2049年，引领中国基本实现社会主义现代化。这就是中国人通常所说的"两个一百年"。

围绕"两个一百年"，我们首先来看看五项数据：一是中国共产党党员人数，由1921年的50多名发展到2015年的8 700多万名①；二是中国共产党领导中国人民干了28年革命（包括22年武装斗争），建立了中华人民共和国；三是经过新中国成立，尤其是改革开放的加快发展，中国经济总量排名世界第二，再有5年就将实现包括工业化的"全面建成小康社会"目标；四是无论是人均GDP（国内生产总值）水平、科技教育水平、社会治理水平还是生态水平，中国都要到2035年

---

① 截至2023年底，中国共产党党员总数为9 918.5万名。——编者注

才能基本实现社会主义现代化；五是即便到那时，尽管GDP总量可能相当于甚至超过美国，但是人均GDP只能达到世界中等水平，中国还只能算中等发达国家。

这就叫作"一分为二"——"赶上时代"问题上的"一分为二"。

三

那么，中国共产党这个将近百年的老党是怎样走过来的呢？这要先看百年之内中国共产党所经历的两次根本性考验和两次根本性应对。

近代以来，西方列强（包括日本）"一巴掌"把封建腐朽的中国打进万丈深渊，中华民族面临生死存亡的严峻考验。从1840年鸦片战争，直到1931年开始的长达14年的日本侵占中国大片领土的战争，总共历时百余年！

严峻考验逼出了中国革命。中国共产党应运而生，它领导中国人民以革命战争反对各种反动势力强加的战争,并最终取得胜利。中国共产党领导的中华人民共和国的成立,为中国特色社会主义基本制度的建立,以及中国社会的改造和生产力的发展打开了大门。这就叫作考验转化为机遇——"战争和革命"为主题的时代大考验,转化为中国人站起来的大机遇。这是第一次根本性考验和第一次根本性应对。

到了20世纪70年代后期,世界范围的新科技革命和新一轮经济全球化浪潮兴起,加上越南战争和阿富汗战争以后的国际变局,对中国来说,这又构成和平条件下另一种形态的严峻考验。

新形态考验又逼出了中国的改革开放。从1978年开始的改革开放,在中国被称为"第二次革命",中国由此启动了直到今天且将继续推进的、以中国特色社会主义为旗帜的全面改革和社会生产力前所未有的巨大发展。这就叫作新考验转化为新机遇——"和平与发展"为主题的时代大考验,转化为中国大发展的大机遇。这是第二次根本性考验和第二次根本性应对。

第一次根本性应对,中国共产党走出了一条不同于俄国十月革命道路的、以农村包围城市的中国特色革命道路。第二次根本性应对，中国共产党走出了一条不同于计划经济和以阶级斗争为纲模式的、中国特色社会主义的全新战略道路。

四

再展开一点，让我们来看一看中国共产党将近百年之路的曲折历程——以最概括的方式来表达，就是百年之路"两大段"，走了"两个'之'字形"。

所谓"两大段"，即前段28年，为民主主义革命阶段；后段66年，为中华人民共和国成立后的革命、建设和改革开放新时期。

所谓"两个'之'字形"，前一个"之"是指28年的民主革命时期中国共产党所走过的有如"之"字的曲折道路。民主革命初期6年比较顺利，国共合作进行打倒北洋军阀的北伐战争；中期10年国民党叛变，中国共产党出现"左"倾错误，中国革命遭遇严重挫折；后期12年中国共产党走上正轨，经过抗日战争和解放战争，建立了中华人民共和国。后一个"之"是指中华人民共和国成立至今所走过的有如"之"字的曲折道路。新中国成立后前7年，生产资料所有制的社会主义改造比较顺利。中期22年，社会主义建设取得重大成就，但"左"倾思想抬头，最终演变成"文化大革命"那样长达10年的全局性错误。后期改革开放，至今37年，走出了一条中国特色社会主义的全新战略道路：一是坚持以经济建设为中心，实行改革开放，发展社会主义市场经济；二是坚持社会主义基本制度，推进国家治理现代化；三是坚持独立自主而又与经济全球化相联系；四是坚持和平发展。

五

回过头来看，中国共产党在将近百年里经历的两次根本性考验、根本性应对和"两个'之'字形"，其中一个贯穿全部历史进程的主题就是通过应对考验、抓住机遇来"赶上时代"。只有"赶上时代"才能"救中国",只有"赶上时代"才能"发展中国"。

即便到了今天,如果中国共产党不能在新的时代条件下领导中国"赶上时代"——基本实现社会主义现代化,那就依然不能自立于世界民族之林,依然会被"开除球籍"!这个"开除球籍"的警语,是毛泽东同志在1956年提出的。

中国共产党十八届五中全会审议通过的"十三五"规划建议,提出了创新、协调、绿色、开放、共享五大发展新理念。习近平同志强调:"要直接奔着当下的问题去,体现出鲜明的问题导向,以发展理念转变引领发展方式转变,以发展方式转变推动发展质量和效益提升,为'十三五'时期中国经济社会发展指好道、领好航。"① 这鲜明地体现了中国共产党在今后5年全面建成小康社会进程中"赶上时代"的价值追求。

还应当说,"赶上时代"这个大命题,不仅贯穿中

---

① 中共中央关于制定国民经济和社会发展第十三个五年规划的建议 [M]. 北京:人民出版社,2015.

国共产党即将走过的一百年，也将在整个社会主义初级阶段决定中国共产党人的使命感和价值追求。这也就表明，中国共产党不是为一时之计而立党，更不是为一己之私而立党。

六

中国共产党要领导人民赶上时代，中国共产党的自身建设也要赶上时代。今天，中国共产党自身建设理念不断发展，其根本的就是伴随由革命到执政的转变而不断地赶上时代。

作为执政党，中国共产党的根本要求是发展党内民主、坚持依法执政，同时党要依法（包括国法和严于国法的党内法规）全面从严治党。这一点，从中国共产党的十八大以来得到突出强调和体现。正如习近平同志所说："打铁还需自身硬"。十八大以来全面从严治党，强调"把权力关进制度的笼子里"，我们迎来了治国理政新阶段，而这也提升了中国共产党"赶上时代"的能力和品质。尤其值得注意的是，中国共产党在反腐败斗争中表现出了自己揭露和消除本身阴暗面的气魄，以及与此同时坚持正确方向的定力。

七

百年考验和百年奋斗表明中国共产党是世界政党史和国际共运史上一个很独特的伟大政党。我将从下面四点说明。

一是中国共产党不是在和平环境下成长起来的政党，而是领导最广大中国人民，经过人民革命战争血与火的考验而取得全国政权，并长期执政的世界最大政党。

二是中国共产党不是立党为私、松懈散漫的政党，而是既有严密的组织纪律，又有广泛的群众性的先进政党。中国共产党郑重申明，自己既是中国工人阶级的先锋队，又是中国人民和中华民族的先锋队。

三是中国共产党不是打着"世界革命"旗号搞霸权主义的政党，而是不拘泥于社会制度和意识形态差异，努力寻求与其他国家的利益汇合点，带领中国走和平发展道路，并同一大批发展中国家共同和平发展的政党。

四是中国共产党不是故步自封、僵化怠惰的政党，而是立足于社会主义初级阶段这个最大实际，自觉赶上时代的，学习型、服务型、创新型政党。中国共产党以马克思主义为指导，但不把马克思主义当作教条，而是致力于马克思主义中国化，根据实际大胆讲"老祖宗没有说过的话"[1]，同时努力学习借鉴人类文明的一切有益成果。从毛泽东思想到邓小平理论，再到以邓小平理论为开端的整个中国特色社会主义理论体系，都是如此。理论、路线上与时俱进，组织队伍上吸纳各界英才，执政方式上改革创新，正成为中国共产党的鲜明风格。

八

前进道路依然漫长，各方面挑战依然严峻，中国共

---

[1] 邓小平. 在中央顾问委员会第三次全体会议上的讲话（1984年10月22日）[M] // 邓小平文选：第三卷. 北京：人民出版社，1993.

产党注定将在"变"与"不变"的统一中，在"赶上"与"超越"的统一中"赶上时代"。

中国共产党全心全意为人民服务的根本宗旨，解放思想、实事求是的思想路线，建设中国特色社会主义的基本理论和基本路线，这几条不会变也不能变。但与此同时，一系列思想观念、工作思路、治理体系等，又必须因应形势发展而不断进行必要的"变"。这样的"变"正是为了更强有力地体现根本宗旨、思想路线、基本理论和基本路线的"不变"。

同样的道理，不断改革创新发展是"赶上时代"的根本要求，而这本身就意味着一定要努力奋进到时代前列，那也就是超越。

以改革和发展而论，把市场在资源配置中的作用由"基础性"提升到"决定性"、进一步处理好政府和市场的关系，把投资拉动型经济转向创新驱动型经济，把城乡二元结构转变为城乡一体化等，都是"不变"中的"变"。尤其是中国提出"一带一路"倡议和建立亚洲基础设施投资银行等举措，是对外开放基本国策的升级版。

以国家治理体系的创新而论，包括调整党政关系、扩大党内民主、健全人民代表大会制度和社会主义协商民主制度等，都是为了建立现代化的国家治理体系，而这也是中国特色社会主义政治制度的完善。

至于某种舆论，说只有多党竞争才算民主，只有搞这样的民主才有资格搞现代化，中国人不能认同这一点。中国人记忆犹新，民国初期（1913年）就搞过300多个所谓的"政党"，还"选举"出了袁世凯这个反动总统，他后来又复辟帝制，做了83天的"短命"皇帝。所以，今天还在世界某些地区大肆玩弄并造成严重后果的那种把戏，中国人在100多年前就领教过了！当代中国走的是另外一条民主之路。中国共产党是执政党，八个民主党派是参政党。我们不仅有日益发展完善、生动活泼的选举制和协商制这样两种制度，还有民主与法治相结合。这也是中国特色社会主义的有益实践。

归根结底，走自己的路，依靠改革创新和后发优势而进入时代前列，赶上与超越相统一，从而实现中华民族伟大复兴的中国梦，才是真正意义上的"赶上时代"。

九

最后一点："读懂中国"和"读懂世界"，这两个"读懂"，无论对中国，还是对世界，都要一分为二。

对世界，我们要学习借鉴人类文明成果，也要认真汲取教训。看看当前世界某些地区，种种乱局给国家命运和人民生活带来何等严重的后果，我们实在应当引以为戒。"和平与发展"仍然是时代主题，但天下并不太平，国家主权和安全无疑应当始终放在第一位。

对中国，我们要珍惜改革开放30多年的成功经验，虽然全面建成小康社会决胜阶段前途光明，但困难不可低估。今天，中国人均GDP仅相当于全球平均水平的2/3、美国的1/7，在世界居于第80位左右。至于科技水平、国民素质、民主法治和生态环境建设等方面的社会发展和社会改造，更是任重道远。

这就要求中国共产党和全体中国人民更加努力奋斗，并且更加清醒、更加谦虚。同时，我们期望国际社会理解和尊重中国人的这种努力和愿望。

如果国际朋友能以这样的视角来"读懂中国"，更深入地理解中国共产党和中国人民，与此同时，中国共产党和中国人民也更深入地"读懂世界"，更好地"赶上时代"，那么中国幸甚！世界幸甚！

读懂改革开放再出发的中国[①]

"读懂中国"国际会议一直坚持三个"读懂",即"读懂中国"、"读懂世界"和"读懂百年变局",但这三个"读懂"还要深化。在今天,重点是要"读懂改革开放再出发的中国",认识到改革开放再出发的中国必将带来"中国发展的新动能"和"全球合作的新机遇"。

一

改革开放再出发的中国是从哪里出发的呢?中国

[①] 本文源于 2018 年 12 月 16 日作者在北京举行的 2018 年"读懂中国"国际会议上的演讲。

既是从过去改革开放取得的历史性进步的基础上出发的,也是从今天我们面临的新的社会主要矛盾出发的。

以邓小平为代表的中国共产党人开启了改革开放的历程。这个叫作"决定当代中国命运的关键一招",它深刻影响了中国的历史进程。自中国把工作重点从阶级斗争转移到经济建设上以来,通过改革开放,我们成功实现了两大历史性转折:第一个历史性转折是从高度集中的计划经济体制转到充满活力的社会主义市场经济体制,第二个历史性转折是从封闭半封闭的状态到全方位、多层次、宽领域的对外开放。这两大历史性转折一开始就相互联系、相互促进。改革促进了开放,开放促进了改革。改革和开放实现了中国市场和世界市场的对接,把中国和世界越来越紧密地联系在一起。

正是在改革和开放的紧密联系中,中国参与了经济全球化和全球经济治理,成为世界经济大家庭中负责任的一员,同时走出了一条同经济全球化相联系而不是相脱离的、独立自主建设中国特色社会主义的和平崛起之路。在这条道路上，中国创造了一系列经济奇迹，迅速成为世界第二大经济体。与此同时，中国解决了7亿多人民的贫困问题，为发展中国家提供了能够快速发展而又避免两极分化的宝贵经验，为世界所瞩目。中国特色社会主义进入了新时代。

当然，事情总是具有两重性。了解中国改革开放再出发的基础，既要看到中国在改革开放中取得的历史性的进步，又要看到中国今天还是一个发展中大国。一方面，从1978年到2017年，中国经济总量已经从3 600多亿元上升到超过82万亿元；另一方面，中国人均GDP排在世界70位上下。一方面，中国城乡居民收入成百倍地增长；另一方面，城乡居民的收入差距还是很大——2017年城镇居民人均收入36 000多元，乡村居民可支配收入是13 000多元，前者是后者的两倍多。一方面，中国已经是世界制造业大国；而另一方面，中国制造业还处在世界的中低端水平。一方面，中国科技投入增长速度和技术专利注册量已经在世界名列前茅；而另一方面，中国科技创新，特别是原创性核心技术创新，在许多方面还很落后。一方面，中国消除了 7 亿多贫困人口；另一方面，中国还有 3 000 多万极端贫困人口。这一切告诉我们，改革还要深化，开放还要扩大，高速度发展要转向高质量发展，解决了中国人衣食住行"有没有"这个问题之后，还要解决"好不好"的问题。

总之，改革开放再出发，就是从这样一个发展不平衡不充分，还不能满足人民日益增长的美好生活需要，兼有进步和落后的两重性的国家出发的。这些问题，是一切的出发点，也是根本的出发点。

二

改革开放再出发的中国要到哪里去？我们的发展目标是透明的、明确的。那就是到 2020 年，全面建成小康社会；到 2035 年，基本实现社会主义现代化；到 2050 年，把中国建设成为富强民主文明和谐美丽的社会主义现代化强国。我需要说明的是，这不是一个独霸世界的目标，而是一个发展自己的目标，对世界上任何一个国家都不构成威胁。

我想在这里重点说的是，围绕这样的发展目标，改革开放再出发的中国将在全面加强中国人民的"生产力""国防力""文化力""社会治理力"这四个大"力"的同时，把"市场力"和"创新力"这两大"力"提到更加突出的战略地位上来。

实际上，中国本身就是一个大市场。这个大市场，不仅在于其存量，也在于其增量，更在于它所具有的"市场力"。中国有近14亿人口，有180万亿元储蓄余额，有世界上最大规模的中等收入群体及其形成的巨大消费能力，有8亿多网民及其对新型智能市场的巨大推动力，还有由新供给激发出来的崭新的消费需求，而且中国还在继续发展中。同时，这一"市场力"既存在于民间，也存在于新生代劳动力的增长当中。这是一股力量，这股力量叫作不可遏制的力量，这股力量有强大的增长力、辐射力和吸引力，特别是能够吸引世界各国新技术。这样的"市场力"将是中国持续发展的根本内生动力。我想再强调一点，中国正在大幅度调整以城镇化为重点的现代化战略：一方面推进精准扶贫、精准脱贫，力争在2020年按时打赢脱贫攻坚战；另一方面还要深入实施乡村振兴战略，吸引资本、技术、人才等要素向乡村流动，帮助农村居民增加收入，全面提高农村经济社会发展水平，形成城乡融合发展新格局。这样，一个更大的中国市场将呈现在世界面前。我们有可观的生产力、强大的国防力、独特的文化力、举世无双的社会治理力，而今我们还有现代市场力。在中国共产党的全面领导下，坚持以人民为中心，推进以这"五大力"相结合为基础的中国大市场的发展，这本身就是巨大的战略力量。

与此同时，还有一个创新力的问题，创新驱动也已经成为中国的国家战略。创新已经位列中国新发展理念中的第一位。创新人才正在中国茁壮成长。中国有近9亿劳动者，其中有1.7亿多人受过高等教育或是具有各类专业技术；每年有800多万名大学毕业生、近500万名中专毕业生，他们蕴藏着巨大的创造潜能，将成长为高素质的劳动力。在创新中形成中国发展新动能，已经成为中国经济转型的亮点。2017年，中国新产业、新业态、新商业模式增加值已近13万亿元，相当于GDP的15.7%，其增速达14.1%，比同期GDP现价增速高出2.9个百分点。特别是，中国科技在许多重大项目上将取得突破。这为中国形成持久的"创新力"提供了最强有力的支撑。

新旧动能转换，迫切要求国家治理体系和治理能力现代化；快速成长的中国经济，迫切要求制度改革和创新。中国共产党第十八届三中全会确定的改革方案正在全面落实，改革开放以来最大规模的中央和地方机构改革正在全面推进。中国政府正在深入推进简政放权、放管结合、优化服务的改革，进一步放宽市场准入，提高政策透明度，实行公平公正监管，同时为各类所有制企业、内外资企业打造一视同仁、公平竞争的市场环境。改革开放再出发的中国预期可以在发展"市场力""创新力"的进程当中快速成长。

三

改革开放再出发的中国和世界如何相处？这也是国际社会关心的大问题。有一句老话：中国绝不会称霸世界。还有一句新话：中国要和各国人民共同构建人类利益共同体和人类命运共同体。这是因为中国共产党领导中国革命、建设和改革的初心，就是为中国人民谋幸福，为中华民族谋复兴，为世界谋和平与发展。

在这里，我想强调一点：总体上把握前景，国际大局同样是"两重性"发展。一方面，经济全球化和世界多极化趋势更加明显，广大发展中国家共同和平崛起及发达国家再发展，国际力量对比更趋均衡；而另一方面，地缘政治动荡和各种形式的冲突，包括民粹主义蔓延和国际关系上的霸权主义相结合引发的多方面冲突，又将难以避免。对于这种新形势下"两重性"问题的充分的精神准备，将是我们事业胜利必不可少的精神条件。

因此，以两句话来总结：一句是，我们具有建立在"大市场"基础上的人类利益共同体和人类命运共同体的全新国际关系理念,由此而形成的"吸引力"是一种克"难"制胜的强大战斗力;另一句是,我们具有在顺利和困难"两重性"复杂态势下能够"熬得过"的"持久战"传统,由此而形成的"忍耐力"是又一种克"难"制胜的强大战斗力。一个是"吸引力",另一个是"忍耐力",两"力"合在一起,带来的就是中国持久发展的大力量,也是中国为世界创造的大机遇!

"改革开放再出发"

——一个贯通全局的重大命题[①]

要读懂新时代的中国,就要以习近平总书记的指示为根本指针,坚持中国道路,把中国"改革开放再出发"这个贯通全局的重大命题同广东改革发展的实践结合起来,并且同新一轮经济全球化的时代大势结合起来。

一

"改革开放再出发"的两重含义和新的战略机遇期

"改革开放再出发"作为新时代中国特色社会主义

[①] 本文源于2019年10月26日作者在广州举行的2019年"读懂中国"国际会议上的演讲。

战略全局部署的一个重大命题，集中凝练而又通俗生动地表达了以习近平同志为核心的党中央，面对21世纪20年代的中国大发展和世界大变局而做出的战略决策。

这里有两重含义：一重含义是，"再出发"必定是牢牢立足于改革开放40多年伟大成功基础之上的"再出发"；另一重含义则是，"再出发"必定是面向未来，面向国际国内新前景，面向21世纪20年代的时代潮流和战略机遇期的"再出发"。

那么，这里首先有一个问题，就是我们面临的是一个什么样的、前所未有的且将具有特殊重大意义的战略机遇期呢？

第一，这将是一个同经济全球化向着新一轮（第四轮）发展相联系的战略机遇期；第二，这将是一个同世界格局进一步向着多极化发展相联系的战略机遇期；第三，这将是一个同包括中国在内的一大批发展中国家共同和平崛起相联系，并同包括美国在内的发达国家再发展相联系的战略机遇期；第四，这将是一个同新时代中国特色社会主义按照总体布局向上跃升相联系的战略机遇期;第五,这还将是一个同大国单边主义、霸权主义在曲折中不可避免地走向相对弱势以至没落相联系的战略机遇期。

二
变成大强国而又使人可亲的关键一招

"改革开放再出发"当然不是一个空洞的口号,而是要在中国特色社会主义进入新时代的条件下,围绕着 2020 年全面建成小康社会,尔后再用 30 年时间把中国建设成为富强民主文明和谐美丽的社会主义现代化强国这样一个总目标,采取的关键一招。

围绕"改革开放再出发",我们来看两项数据。一项数据是,今天中国一半以上的人口仍然生活在农村地区和小城镇,而且无论人均 GDP 水平、科技教育水平还是生态水平,都还比较落后。另一项数据是,即便到 2035 年,尽管那时中国 GDP 总量可能超过美国,但是人均 GDP 只能达到美国的 60%~70%。

这就叫作"一分为二"——中国基本国情问题上的"一分为二"。这样的"一分为二"实际上也警醒我们，一定不能骄傲自满，一定要从现在起以"改革开放再出发"的新奋斗来迎接中国从富起来到强起来的伟大飞跃，而且一定还要在那之后继续向上奋进。

那么就当前来说，围绕"改革开放再出发"，紧迫的课题有哪些呢？大体而言是三项：一要保障中国从速度型经济向质量型经济的转型；二要保障区域经济特别是粤港澳大湾区、长江三角洲和京津冀这三大区域的发展，同时进一步解决东部、中部、西部地区发展不平衡问题；三要加大科技创新特别是自主创新力度，推动制造业从中低端向中高端提升。

总之，建成"大强国"的关键一招，就是"改革开放再出发"，舍此没有第二条路。

三

中国人民生产力、创新力、市场力、社会治理力"四大力"的全方位发展

从总体上说,"再出发"所要达到的境界,就是围绕完善和发展中国特色社会主义制度、推进国家治理体系和治理能力现代化这一总目标,实现新时代中国"再发展"。

一是解放和发展"生产力"。比如,2019年中国推出力度空前的减税降费措施,把制造业等行业的税率从16%降为13%,交通运输业、建筑业等行业的税率从10%降至9%。仅这一项措施,就为企业尤其是民营企业减轻2万亿元的税费负担。2020年还要制定"十四五"规划,这是在全面建成小康社会基础上向强国梦迈进的第一个五年规划,将进一步推进中国区域经济和城市群的协调发展,形成生产力全面发展新态势。

二是实施创新驱动发展战略,提升"创新力"。这

里一个极为重要的方面，也就是推进高科技产业、5G（第五代移动通信技术）、人工智能等新兴产业的发展。比如，中国的华为公司，这是一家真正做创新，因而拥有较强科技竞争力的民营企业。它坚持每年把10%以上的销售收入投入研究与开发，近10年累计投入的研发经费超过了4 800亿元。现在，华为拥有1 554项5G标准关键专利，占到全球专利总数的15%，位列世界第一。美国对华为的打压，不仅打不垮华为，反而帮助华为进一步认清自身的优势和弱点，也帮助更多中国企业认清自己的机遇。

三是进一步完善社会主义市场经济体制，打造更加健全的"市场力"。这就是使市场在资源配置中起决定性作用，同时更好地发挥政府作用，包括健全保护知识产权制度等。自2013年上海建立自由贸易试验区以来，中国已经分五批在上海、广东、福建、天津、辽宁、浙江、河南、湖北、重庆、四川、陕西、海南、山东、江苏、广西、河北、云南、黑龙江建立了18个自贸区。

四是进一步完善政府的社会服务功能，打造更有效能的"社会治理力"。以"精准扶贫"来说,该政策已经实施6年,其结果是贫困人口从2012年的9 899万减少到2018年的1 660万,6年减贫8 000多万人,平均每年减少1 300万人。2020年我们将完成脱贫攻坚战。与此同时,随着乡村振兴战略的推进,全面加强对农业、农村、农民这"三农"的帮扶力度,包括完善农村地区的社会服务网络,确保农村贫困人口的义务教育、基本医疗、住房安全,农村面貌还将大变。

至于2019年"读懂中国"国际会议会场所在的广东省,其宏大的谋篇布局,包括"粤港澳大湾区"和"深圳中国特色社会主义先行示范区",正是"改革开放再出发"的最新、最集中的典型体现。

四
新一轮经济全球化和中国的再发展

"改革开放再出发"以及由此带来的"再发展",是同世界格局变动特别是新一轮经济全球化的到来紧密联系在一起的。

进入21世纪第一个10年后期，在经济全球化问题上，一方面有重大推进，另一方面又有重大逆动。重大推进是中国关于"一带一路"的构想应运而生，而重大逆动是美国在对待经济全球化问题上的严重倒退。

首先来看"一带一路"。应当说，"一带一路"启动的乃是一个前所未有的经济全球化新局面。过去的经济全球化，经过一轮又一轮，从大西洋到太平洋，基本上都是海洋经济全球化。今天的"一带一路"，则是内陆经济以巨大体量成为经济全球化的又一大主体，从而全方位地打通海洋经济和内陆经济，全面带动中国东、中、西部，全面带动亚欧大陆从东到西，以至联通非洲、美洲大陆的经济合作和发展。可以说，新一轮经济全球化的最大特点就在这里。

重大逆动则是大国单边主义、霸权主义的猖獗。我们从来都肯定，从20世纪70年代开始的由美国设计和主导的第三轮经济全球化，曾对世界经济发展做出有益贡献；但是，与此同时，我们又从来都清醒估量，美国的根本性追求乃是维护其作为唯一超级大国的全球霸主地位。特朗普上台后又出了新招，美国到处大打贸易战，以退出甚至完全抛弃全球化相要挟。但是，今天世界上的事情绝非美国一国说了算。备受瞩目的新一轮中美经贸高级别磋商取得的实质性进展即有力例证。

当前，一个迫切的重大问题提到面前，即时代呼唤经济全球化的全新架构。习近平主席2018年在G20（二十国集团）提出的四项主张，恰恰就是这种历史性要求的鲜明反映：第一，在开放中做大世界经济的蛋糕；第二，在创新中发掘世界经济的新动力；第三，在包容中破解世界经济失衡的难题；第四，在联动中完善全球经济的治理。

总之，世界正迎来一个以多极化世界为基础，以利益汇合点、利益共同体基础上的"人类命运共同体"为主轴，以"和平与发展"为真正主题的新一轮（第四轮）经济全球化。

五

中国的事情，关键在中国共产党

中国能不能成功地"再发展"，关键不在别人，而在自己，在中国共产党。历史证明中国共产党能够领导中国"站起来""富起来"，未来还将证明中国共产党能够领导中国"强起来"。这样说的根据有三点。一是中国共产党作为一个百年大党，它的根深深扎在中华民族文明传统这块肥沃土壤之中，是全心全意为实现中华民族伟大复兴而奋斗的中国工人阶级的先锋队、中国人民和中华民族的先锋队。二是中国共产党坚持马克思主义中国化，因而总是能够在发扬光大中华民族文明传统的同时，敏锐把握时代发展，赶上时代以至引领时代。三是中国共产党还是一个勇于自我革命的政党，不仅为人民坚持真理，也为人民修正错误，自觉清除自身肌体的腐败因素，因而能够保持先进性和纯洁性。

不容否认，中国共产党犯过错误。但是，勇于修正错误，恰恰是中国共产党的一个重大历史特点。今天，国际国内大变动形势如此严峻，这要求中国共产党和全体中国人民更加清醒、更加警觉和更加谦虚。在以习近平同志为核心的党中央坚强领导下，新时代的中国会变成一个大强国而又使人可亲；同时，期望国际社会能够理解和尊重中国人的这种努力和愿望。

大变局、大考验、大合作[①]

一

一场突如其来的大疫灾，出乎预料地打乱了全人类进入 21 世纪第三个 10 年之际的发展进程和一切预期。

一股保护主义、单边主义、民粹主义思潮及其掀起的逆全球化浪潮，又出乎预料地给世界带来了更大的不确定性。

由此而来的广大人民生命、财产及各国经济社会、生产生活之大灾难大破坏，已成为 20 世纪 80 年代世界

[①] 本文源于 2020 年 11 月 20 日作者在广州举行的 2020 年"读懂中国"国际会议上的演讲。

进入"和平与发展"为主题的时代以来,一次最剧烈的大灾难大破坏。

这就叫作"变中生变,变上加变",世界进入"动荡变革期"。

这就是我们今天面对的"大变局"。

二

"大变局"本身意味着"大考验"。

一是能否克服单边主义,携手战胜疫灾;

二是能否在携手战胜疫灾的同时,修复全球产业链,重振新一轮经济全球化,重启发展;

三是能否在战胜疫灾和重启发展的基础上,进一步排除各种干扰,从而打开面向21世纪第三个10年以至更长时期世界和平发展的新局面。

而贯穿"大变局、大考验"的是一项根本性的历史要求,那就是从进入21世纪第三个10年算起,在全球范围内,在不同社会制度、不同发展阶段和不同利益诉求的各个地区和各个国家之间，经历多边和单边、开放和封闭、合作和对抗的重大考验，从而逐步实现"大合作"。

三

应当说，在全球抗疫的伟大斗争中，这种"大合作"已见端倪。无数生动的事例表现出了全人类携手共进战胜疫灾的强烈愿望和进一步深化合作的重大契机。

这是在有如黑云压城的严重疫情之下所展现的全人类"大合作"的光明面。全世界一切善良的人们发自内心地欢迎这个光明面。

这是事实，但这只是一个方面的事实，事情的发展还有另一个方面。那就是出乎世界广大善良人们包括一切有良心的政治家、思想家的意料之外，霸权国的当权政客，为了推卸领导本国抗疫不力以致人民生命重大损失的责任以及为自己拉选票的私利，在公然宣布"放弃控制疫情"的同时，"甩锅"中国，并且毫无道理地把全面封堵中国作为国策，甚至狂言"台湾不是中国的一部分"。这个霸权国即将下台的当权政客的"最后疯狂"，正在恶性发作。

我们应当严肃指出，世界百年未有之大变局发展到今天，一个最突出的"负面变局"就在这里。

四

面对严重逆动，中国从容布局。一个最集中的表现就是中国共产党第十九届中央委员会第五次全体会议通过的《中共中央关于制定国民经济和社会发展第十四个五年规划和二〇三五年远景目标的建议》。应当说，这个建议是当前国内国际条件下14亿中国人应对大变局、大考验，推进大合作的根本性战略抉择。

这个规划所要回答的问题，乃是在中国"两个一百年"奋斗目标的历史交汇点上，在国际环境日臻复杂、不稳定性和不确定性明显增加的大背景下，中国共产党打算怎样统筹中华民族伟大复兴战略全局和世界百年未有之大变局。

这个规划既擘画中国的新前景，又展现中国发展同世界发展相统一的大国担当，因而将成为解读当代历史条件下中国共产党治国理政与中国经济社会发展的最重要的蓝图。

这个规划还包含着一个更深层次的战略估量，那就是在清醒分析当前国内国际有利和不利条件基础上，中国共产党中央坚信，中国仍然处于一个重要的战略机遇期。面对21世纪第三个10年和尔后更长时期，中国人将保持战略定力，集中力量办好自己的事。中国将在危机中抓转机，在变局中开新局，还将在发展自己的同时与世界各国进行"大合作"，打开更加广阔的天地。

可以总结为四句话：

第一句话，坚持改革开放，集中力量办好中国自己的事。

第二句话，实现两个大循环，以国内大循环为主体，促进国内大循环和国际大循环相联通，构造中国发展新格局，建设更高水平的开放型经济新体制。粤港澳大湾区建设就是一个很好的例子。

第三句话，坚持到2035年基本实现社会主义现代化，到2050年把中国建成富强民主文明和谐美丽的社会主义现代化强国，实现中华民族伟大复兴。

第四句话，在积极参与海上全球化的同时，以"一带一路"推进陆上全球化，从而形成世界历史上前所未有的新一轮海陆并举全球化，再加上积极参与网络全球化。

而所有这一切，都强有力地体现了"大变局、大考验、大合作"，体现了在"人类命运共同体"这个总方针之下，中国欢迎各方把握中国发展新机遇。

从生产自我供给的程度看，中国是全世界唯一拥有联合国"产业分类"中全部工业门类的国家。世界上的41个工业大类、207个中类、666个小类，中国都有。可以说，世界上最不怕孤立的是中国，最有条件独立自主干而不靠外面的是中国。但是，中国仍然坚定不移地扩大对外开放，稳定产业供应链，以开放促改革、促发展。这是中国人的战略心胸，也是中国人的战略远见。

同时，这还生动反映了，面对百年未有之大变局，中国已经不是过去那个积贫积弱的中国，而是具备了与世界各国一道，迎接并引领新一轮产业革命和新一轮经济全球化的新时代的中国。

正是基于这样的战略态势，从现在起到2035年，将成为中国和平崛起的关键阶段。

至于霸权国当权政客的严重逆动，中国人的应对方针是清楚的：坚持底线思维，做好较长时间应对外部环境各种可能的变化，包括向好和向坏变化的思想准备和工作准备，其中也包括国防准备。

正如习近平总书记在纪念中国人民志愿军抗美援朝出国作战70周年大会上所指出的，"中华民族是吓不倒、压不垮的"，"中国人民不惹事也不怕事"，"对待侵略者，就得用他们听得懂的语言同他们对话，这就是以战止战、以武止戈"。[1]

---

[1] 习近平. 在纪念中国人民志愿军抗美援朝出国作战70周年大会上的讲话（2020年10月23日）[M] // 论中国共产党历史. 北京：中央文献出版社，2021：296–298.

那么霸权国经过大选，新政府将上台，有无可能真正做一点儿有利于中美关系和世界和平发展的事情呢？这里用中国的一句老话："听其言而观其行。"且看霸权国怎样动作。

五

习近平总书记还曾深刻指出："把握国际形势要树立正确的历史观、大局观、角色观……所谓正确角色观，就是不仅要冷静分析各种国际现象，而且要把自己摆进去，在我国同世界的关系中看问题，弄清楚在世界格局演变中我国的地位和作用，科学制定我国对外方针政策。"[①]

客观而论，世界格局的演变具有两重性：有正面变局，也有负面变局。同"负面变局"相对立，中国与世界关系的历史性发展正愈益显著地成为当今世界"正面

---

① 习近平. 努力开创中国特色大国外交新局面（2018年6月22日）[M] // 习近平谈治国理政：第三卷. 北京：外文出版社，2020.

变局"的一个根本支点。而中国的和平崛起乃是以中国特色社会主义全面现代化为根本动力的中华民族伟大复兴，而绝非那种近代世界史框架内的新霸主取代旧霸主。

这也就是说，中国要以国际秩序和体系的维护者、改革者和完善者的站位，坚持高扬全球治理、多边主义和人类命运共同体的旗帜，来应对霸权主义。

总之，"大变动、大考验、大合作"作为一项宏大命题，其本身就意味着重大的历史抉择和历史机遇。而在当前形势下，对经济全球化和全球治理深入反思，扎实推进在利益汇合点和利益共同体基础上的人类命运共同体，这才真正应当是提到国际社会面前的历史性重大课题。

中国特色社会主义 在 21 世纪的根本走向[①]

2021 年是中国共产党成立 100 周年，十九届六中全会对中国共产党百年奋斗的重大成就和历史经验做了全面深刻的总结，进一步阐明了中国今后 30 年实现社会主义现代化和中华民族伟大复兴的奋斗目标。对中国和中国共产党来说，今天是从昨天走过来的，明天是从今天走过去的。而其中一个中心主题，归根到底，就是把握中国特色社会主义在 21 世纪的根本走向。

围绕这个主题，我有三点体会。

---

① 本文源于 2021 年 12 月 2 日作者在广州举行的 2021 年"读懂中国"国际会议上的演讲。

一
总结历史经验的极端重要性

人们也许会问：世界百年变局如此错综复杂，中国面临那么多问题和挑战，中共中央为什么要聚焦党的百年历史，并通过一次中央全会来总结党的百年经验？要读懂中国和中国共产党，首先就要懂得，高度重视总结历史经验乃是中国共产党一项极为重要的优良传统。

环顾四宇，世界上各类政党，无论实力多强、资格多老、执政时间多长，如果不重视总结自己的历史经验，就会思想僵化、故步自封，其生命力、创造力就会衰竭。因此，中国共产党总是告诫和提醒自己：人类总得不断地总结经验，有所发现，有所发明，有所创造，有所前进。停止的论点、悲观的论点、无所作为和骄傲自满的论点都是错误的。毛泽东同志有一句名言："我是靠总结经验吃饭的。"[①] 他还说过："善

[①] 张西立. 毛泽东透露成功法宝："我是靠总结经验吃饭的"[N]. 学习时报，2017-12-07.

于总结经验，就是领导者的任务。"[1]邓小平同志开创了"中国特色社会主义道路"，他说"这就是我们总结长期历史经验得出的基本结论"。[2]习近平总书记也说过："我们党一步步走过来，很重要的一条就是不断总结经验、提高本领，不断提高应对风险、迎接挑战、化险为夷的能力水平。"[3]

在中国共产党百年历史上，以中央全会级别来总结党的历史经验，并且郑重做出历史问题重大决议的，至今只有三次。尽管各有不同的历史背景和历史动因，但每次总结都产生了重大的积极效应：一是以历史经验为鉴戒，极大地统一了全党的思想，加强了党的先进性和纯洁性建设，增强了党的团结；二是以历史经验为基础，极大地深化了对中国革命和建设规律的认识，提高了党的领导能力，推进了马克思主义中国化；

---

[1] 中共中央文献研究室.关于总结财经工作经验给谢觉哉的信（1941年8月22日）[M]//毛泽东文集：第二卷.北京：人民出版社，1993.
[2] 邓小平.中国共产党第十二次全国代表大会开幕词（1982年9月1日）[M]//邓小平文选：第三卷.北京：人民出版社，1993：3.
[3] 习近平.在党史学习教育动员大会上的讲话[M].北京：人民出版社，2021.

三是以历史经验为动力，极大地坚定了继续开拓进取的决心和信心，明确了继续前进的方向和目标，形成了全党上下齐心协力为实现党的战略目标而不懈奋斗的政治自觉。

尤其需要注意的是，中国共产党总结的"历史经验"，既包含党自身的成功经验，也包括党自身的失败教训。而且无论是成功经验还是失败教训，都是党的宝贵财富。习近平总书记这样说过："党的经验不是从天上掉下来的，也不是从书本上抄来的，而是我们党在历经艰辛、饱经风雨的长期摸索中积累下来的，饱含着成败和得失，凝结着鲜血和汗水，充满着智慧和勇毅。"①

总之，我们在总结成功经验和失败教训中要做到"实事求是"，坚持"解放思想"，实现"与时俱进"。应当说，这正是中国共产党这个百年大党今天之所以能够依然年轻、依然风华正茂的一大秘诀。

---

① 习近平.在党史学习教育动员大会上的讲话[M].北京：人民出版社，2021.

二
新时代需要新觉醒

今天国际范围的一个重要动向就是对中国"到哪里去"的问题愈益关心,各种各样的怀疑、责难也纷至沓来。此时此刻,读懂中国和中国共产党"从哪里来、到哪里去",更有特殊的重大意义。

中国共产党的百年历史表明,其从诞生第一天起,从来就没有对外扩张、称霸世界的基因。到了今天,中国共产党领导中国人民走出来的中国特色社会主义道路,是一条在同经济全球化相联系而不是相脱离的进程中独立自主建设中国特色社会主义的和平崛起之路,也是一条既不同于西方国家殖民掠夺和战争侵略,也不同于苏联军事争霸和意识形态输出的和平崛起之路,归根到底,更是一条我们独立自主开创的、前无古人的、将引领中国人民实现国家富强和人民幸福,并同世界各国结成利益汇合点及利益共同体基础上的"人类命运共同体"所必经的和平崛起之路。

中国和平崛起的发展道路，与其说是中国共产党的主张，不如说是中国共产党创造的经验。因为，中国共产党对这条道路的开创、坚持、完善和发展，从1978年党的十一届三中全会算起已历经40多年，可以说是我们党百年经验的伟大结晶。

当然，进到新的时代，又需要新的觉醒。这就是我们今天常说的"大变动、新觉醒"。在中国共产党的历史上，找到新民主主义道路，可以说是党的第一次大觉醒；开辟中国特色社会主义，可以说是党的第二次大觉醒；开创新时代中国特色社会主义，则是党的第三次大觉醒。以习近平同志为核心的党中央，以十九届六中全会关于历史经验决议的形式，郑重确立的一整套理论、路线、方针、政策，就是代表这种伟大新觉醒的标志性宣示。

习近平新时代中国特色社会主义思想，是这种伟大新觉醒的集中体现。这一思想，作为21世纪马克思主义，展示了马克思主义的强大生命力，使马克思主义的科学性和真理性在中国得到充分检验，使马克思主义的人民性和实践性在中国得到充分贯彻，使马克思主义的开放性和时代性在中国得到充分彰显。

三
"人类命运共同体"鲜明地提到世界面前

21世纪第二个10年，全球大势的一项最新、最重大发展，就是"人类命运共同体"正鲜明地提到世界面前。这就是习近平总书记向全人类郑重提出的，以和平与发展为主题，包含广大发展中国家共同发展的历史要求，同时又包含美西方在内的发达国家再发展要求的，具有全球包容性和高远前瞻性的"人类命运共同体"。

从现在起直到21世纪中叶的30年，将有可能成为"人类命运共同体"在世界范围逐步实现的关键阶段。另外，随着"人类命运共同体"在世界范围逐步成为现实，中美关系等大国关系将有可能经过种种曲折，逐步转化到一个平等相待、和平共处的轨道上来。这才真正是人心所向。

历史经验和教训时刻提醒中国共产党人，面对胜利与成功，必须倍加谦虚谨慎。我们将以冷静和谦虚的态度，保证继续走稳走好中国特色社会主义道路，而且越走越宽广。中国不仅将如期实现第二个百年奋斗目标，还要以自身的发展来为世界和平与发展，为构建人类命运共同体作出新的更大贡献。中国希望与世界和平相处，而深恶痛绝于世界近代史上反复上演，并给世界人民带来深重灾难的，新旧霸主之间竞相争夺的丑恶表演和奇灾大祸。

百年变局下的中国新作为[①]

"百年变局下的中国新作为"是一个全球关注的重大问题。要问中国将有哪些新作为,可以列举很多,而最重要的,也是大家最关注的,至少有三大项。一是在高质量发展中实现中国式现代化,二是在中国与广大发展中国家共同发展中推动构建人类命运共同体,三是在人类文明交流互鉴中建设中华民族现代文明。

第一点,在高质量发展中实现中国式现代化,是百年变局下最根本的中国新作为。

中国从改革开放开始,就把实现现代化确立为全党

[①] 本文源于 2023 年 12 月 2 日作者在广州举行的 2023 年"读懂中国"国际会议上的演讲。

全国到21世纪中叶的总目标。与此同时，我们在总结历史经验的基础上，提出中国的现代化不仅要有现代化的一般特征，也要有基于国情的中国特色，这就叫作"中国式现代化"和"以中国式现代化全面推进中华民族伟大复兴"。而实现"高质量发展"，就是其中的关键环节。

"高质量发展"是相对于过去"高速度增长"来说的。也就是说，今天中国经济正在转型，正在从"高速度"转向"高质量"发展新阶段。大体而言，这个"新阶段"可以叫作"六大力""两步走"。

先说"六大力"。

一是自主创新力。立足教育、科技、人才"三位一体"，形成更具竞争力的创新环境。中国不仅要改变关键领域受制于人的局面，也要形成自主创新的新型举国体制，从而进入创新型国家前列，建成世界科技创新强国。

二是有序市场力。中国不仅拥有由14亿多人口（包括4亿中等收入人群和10亿多网民）构成的超大规模市场,而且正在建设从"活而无序"转向"活而有序"的统一大市场。我们已经着手梳理、修改和废止妨碍统一市场和公平竞争的过时规定,以保证无论是国有企业、民营企业还是外资企业,都有机会更好地参与到越来越广大和健全的中国市场中来。

三是制度型开放力。中国正在构建以国内大循环为主体、国内国际双循环相互促进的新发展格局。这是立足国内市场而又在更高水平上推动对外开放的发展格局。中国不仅已经合理缩减外资准入负面清单,而且依法保护外商投资权益。这种制度型对外开放,是推动中国在和平崛起进程中应对各种可以预料和难以预料的风险的重要法宝。

四是绿色生产力。今天,中国各地最大的变化之一就是,在"绿水青山就是金山银山"理念的引领下,绿色化、低碳化正成为高质量发展的关键环节,成为新时代中国人的生产方式和生活方式。而以风电、光伏和"小太阳"形成的新能源,和以无人机、新能源汽车、智能交通形成的新运力,正成为促进人与自然和谐共生的绿色生产力。

五是数字经济与实体经济深度融合的新型产业力。中国坚持把发展实体经济作为着力点，同时加快发展数字经济，促进这两种经济深度融合。这种现代化产业体系将从根本上改变中国工业"大而不强"的局面，在全球产业链、供应链、价值链中占据更重要的地位。

六是统筹各方的经济社会协调力。中国的发展已经从改革开放初期的几个亮点，变成今天东西南北中多条地带形成的"满天星"：京津冀协同发展、长江经济带发展、长三角一体化发展、黄河流域生态保护和高质量发展、西部大开发、东北全面振兴、中部地区加快崛起，以及雄安新区、成渝地区双城经济圈，等等。而且，这种态势还在增长。由此形成的统筹各方的巨大协调力，已成为中国高质量发展的又一重大特点。

再说"两步走"。

"两步走"是中国全面建成社会主义现代化强国总的战略安排。第一步，从2020年到2035年基本实现社会主义现代化；第二步，从2035年到21世纪中叶把中国建成富强民主文明和谐美丽的社会主义现代化强国。由此可见，习近平主席在联合国提出的全球发展倡议，正在中国这片古老的土地上逐步成为现实。

第二点，在中国与广大发展中国家共同发展中推动构建人类命运共同体，是百年变局下中国最突出的新作为。

中国不走殖民掠夺的老路，不走国强必霸的邪路，也不搞意识形态输出，而是创造性地走出了一条和平崛起的新路。不仅如此，中国还期待能够与广大发展中国家共同发展，发达国家也坚持和平再发展，从而更好地扩大各国利益交汇点，形成人类命运共同体。

众所周知，中美关系是世界范围内最重要的双边关系。2023年11月中美两国元首在旧金山会晤时，习近平主席明确指出："中美有两种选择：一种是加强团结合作，携手应对全球性挑战，促进世界安全和繁荣；另一种是抱持零和思维，挑动阵营对立，让世界走向动荡和分裂。"① 中美不打交道是不行的,想改变对方是不切实际的,冲突对抗的后果是谁都不能承受的。中美关系回到稳定、健康、可持续的发展轨道,对中国和美国是好事,对世界也是好事。

现在,世界进入新的动荡变革期,国际上种种冲突纠纷更使人们深刻认识到发展和安全不可分割。没有一个国家能够脱离世界安全而实现自身安全,也不存在建立在别国不安全基础上的绝对安全。2022 年 4 月,习近平总书记在博鳌亚洲论坛上提出全球安全倡议,为应对国际安全挑战提供了中国方案。构建人类命运共同体,正是中国致力于维护世界安全和发展的重大贡献,也是百年变局下中国最突出的新作为。

第三点,在文明交流互鉴中推进中华民族现代文明建设,是百年变局下中国最深刻的新作为。

习近平总书记高度重视继承和弘扬中华优秀传统文化,提出了把马克思主义基本原理同中华优秀传统文化

---

① 习近平同美国总统拜登举行中美元首会晤 [N] . 人民日报,2023–11–17(1).

相结合。这种新作为体现在国内和国际两方面。

在国内，坚持和发展中国特色社会主义，推动物质文明、政治文明、精神文明、社会文明、生态文明这五大文明协调发展，创造中国式现代化新道路，创造人类文明新形态。

在国际上，在世界范围内推动文明交流互鉴，在全人类共同价值的基础上构建人类命运共同体。习近平主席这样说："人类文明多样性是世界的基本特征，也是人类进步的源泉。世界上有200多个国家和地区、2500多个民族、多种宗教。不同历史和国情，不同民族和习俗，孕育了不同文明，使世界更加丰富多彩。"[1]

2023年3月，在中国共产党与世界政党高层对话会上，习近平总书记首次提出了全球文明倡议。这是继全球发展倡议、全球安全倡议之后，中国为国际社会提供的又一重要公共产品。应当说，这就是中国在百年变局下为推进人类文明进步的最重大的新作为。

---

[1] 习近平. 共同构建人类命运共同体（2017年1月18日）[M] // 习近平谈治国理政：第二卷. 北京：外文出版社，2017：543–544.

"读懂中国"国际会议创立至今，已经十周岁了！这十年，我们见证了中国日新月异的发展，也经历了世界的风云变幻。中国和国际上的有识之士越来越深刻地感受到，不同国家、不同文明之间严重存在的"读懂赤字"，不利于相互之间的战略互信。而我们创办"读懂中国"国际会议，实际上一开始就坚持三个"读懂"，这就是"读懂中国""读懂世界""读懂百年变局"。如果我们这个国际会议能够更有力地帮助世界"读懂中国""读懂中国共产党""读懂中国式现代化"，同时又更有力地帮助中国"读懂世界""读懂百年变局"，那么，我们就一定能够经过持久努力，减少这三方面的"读懂赤字"。果真如此，则中国幸甚！世界幸甚！

中国式现代化与世界的中国机遇[①]

习近平主席同马克龙总统在北京的会谈和在广州的会晤,以及最近一系列世界瞩目的中国外交活动,向世界展示了中国在世界动荡变革期中的和平发展新作为。在这之后,习近平总书记到湛江、茂名、广州三地深入考察调研,正值中国发展前进的重要节点,意义重大。

尤其值得注意的是,习近平总书记在全面贯彻中共二十大精神开局之年的首次地方考察,就选择了广东。习近平总书记强调:"广东是改革开放的排头兵、先行地、实验区,在中国式现代化建设的大局中地位重要、作用突

[①] 本文源于 2023 年 4 月 19 日作者在广州举行的 2023 年"读懂中国:湾区对话"专题论坛上的演讲。

出。要锚定强国建设、民族复兴目标，围绕高质量发展这个首要任务和构建新发展格局这个战略任务，在全面深化改革、扩大高水平对外开放、提升科技自立自强能力、建设现代化产业体系、促进城乡区域协调发展等方面继续走在全国前列，在推进中国式现代化建设中走在前列。"[1]

在此，围绕"中国式现代化与世界的中国机遇"这个主题，我将就三方面问题分享我的思考：一是关于"高质量发展"，二是关于"全过程人民民主"，三是关于"构建人类命运共同体"。

一

实现高质量发展的"八大力"

回顾中共十八大以来开创新时代的第一个 10 年，中国改革开放和社会主义现代化建设深入推进，书写了经济快速发展和社会长期稳定两大奇迹新篇章。其中一

---

[1] 习近平在广东考察时强调：坚定不移全面深化改革 扩大高水平对外开放 在推进中国式现代化建设中走在前列 [N]. 人民日报，2023-04-14（1）.

个重点就在于我们坚持发展这条"硬道理"不动摇，坚持以人民为中心的发展理念不动摇，坚持高质量发展是全面建设社会主义现代化国家的首要任务不动摇。具体来说，我们着重依靠的是以下"八大力"。

一是作为当代中国人民阔步前进的根本支撑的"现代生产力"。

二是坚持改革开放、面向世界的"现代市场力"。

三是不断向生产的广度和深度进军，勇攀现代生产力新高峰的"现代科技力"。

四是融汇古今，传承中国 5 000 年传统文明而又敏锐把握当代人类最新文明成果的"现代文化力"。

五是面对 14 亿多人口的"超大社会"并能够高效地实行民主治理的"现代社会治理力"。

六是爱好和平而又能够坚定有力地反对霸权主义，维护国家主权和领土完整的"现代国防力"。

七是面对包括大疫大灾在内的可以预计和难以预计的种种灾变，能够从容有力应对的"强大应变力"。

八是 2023 年拥有 9 900 多万党员，历经百年而仍然朝气蓬勃，引领时代前进的中国共产党的"强大领导力"。

这"八大力"就是要在新发展理念的引领下，加快构建以国内大循环为主体、国内国际双循环相互促进的新发展格局，实现高质量发展。

像中国这样一个超大规模经济体，其规模超过现有发达国家人口的总和，必须把发展的主导权牢牢掌握在自己手中。加快构建新发展格局，就是把握未来发展主动权的战略部署。

有了这"八大力"，有了新发展格局，我们就能够"任凭风浪起，稳坐钓鱼船"，以高质量发展为首要任务的中国式现代化就一定能够实现。

二

发展好中国特有的全过程人民民主

民主是人类的共同追求，也是中国共产党立党以来坚持不懈的追求。中国的全过程人民民主是中国共产党在新时代中国特色社会主义政治建设进程中取得的重大理论和实践的创新成果。

中共二十大报告指出，全过程人民民主是社会主义民主政治的本质属性，是最广泛、最真实、最管用的民主。全过程人民民主的一个最大特点就是在选举、协商、决策、立法、管理、监督各个环节，实现全链条、全方位、全覆盖的人民民主。它实现了过程民主和成果民主、程序民主和实质民主、直接民主和间接民主、人民民主和国家意志相统一，从而能够充分体现中国特色社会主义民主政治的制度优势。这也是建设中国式现代化的一个最重要的保障。

那么，这种全过程人民民主又是怎样在中国社会基层的实际生活中得到体现的呢？有一本书叫作《全过程人民民主在中国》，书中不仅有海内外的专家学者，也有来自中国基层的村支书和社区工作者，他们以亲身实践直接向大家讲述他们经历和参与创造全过程人民民主的中国故事。中国各地都已经建立了人大代表之家和代表联络站、联系点。仅广东省，就已经建立

12 209个人大代表联络站，基本形成以镇（街）人大代表中心联络站为主、村（居）片区人大代表联络站为辅的人大代表联系群众网格化体系。

在实践中，今天中国的全过程人民民主，已经从基层民主发展成为从中央到地方的多层次体系，以及联系社会生活诸方面的全方位体系。全过程人民民主的伟大实践，必将在中国大地上牢牢扎根，并且不断结出愈益丰硕的成果。

三

世界面临"两个全球之命运"的历史性考验

中共二十大报告指出："当前，世界之变、时代之变、历史之变正以前所未有的方式展开。一方面，和平、发展、合作、共赢的历史潮流不可阻挡，人心所向、大势所趋决定了人类前途终归光明。另一方面，恃强凌弱、巧取豪夺、零和博弈等霸权霸道霸凌行径危害深重，和平赤字、发展赤字、安全赤字、治理赤字加重，人类社会面临前所未有的挑战。世界又一次站在历史的十字路口，何去何从取决于各国人民的抉择。"这里讲的"一方面"和"另一方面"，实质上是反映了两面大旗——"人类命运共同体"，中国高高举起；以"美式民主"为幌子的美国霸权，美国高高举起。这就是当代世界之命运问题中两条根本对立的路线。在前所未有的大变局中，当今世界正面临着这样两个全球之命运的重大历史性考验。

面对考验，中国如何选择？习近平总书记在中共二十大报告中强调："构建人类命运共同体是世界各国人民前途所在。万物并育而不相害，道并行而不相悖。只有各国行天下之大道，和睦相处、合作共赢，繁荣才能持久，安全才有保障。"[①] 这就是中国的主张。面对当今这样一个挑战前所未有、希望也前所未有的新时代，中国要在和平发展合作的现代化进程中造福中国和世界，

---

① 习近平. 高举中国特色社会主义伟大旗帜 为全面建设社会主义现代国家而团结奋斗——在中国共产党第二十次全国代表大会上的报告 [M]. 北京：人民出版社，2022.

中国人民愿意同世界各国人民携手共创人类更加美好的未来!

习近平主席在2023年3月首次提出的全球文明倡议,是继全球发展倡议、全球安全倡议之后,新时代中国为国际社会提供的又一重要公共产品。他强调:"我们将始终把自身命运同各国人民的命运紧紧联系在一起,努力以中国式现代化新成就为世界发展提供新机遇,为人类对现代化道路的探索提供新助力,为人类社会现代化理论和实践创新作出新贡献。"[①]

中国共产党的百年考验和百年奋斗,一个贯穿全部历史进程的主题,就是通过应对考验、抓住机遇而"赶上时代"。如今,我们看到,中国共产党不仅赶上了时代,而且正在创造中国的新时代。什么样的新时代?就是全国一盘棋,以广东为改革开放排头兵、先行地、实验区来推进中国式现代化建设的新时代!正如习近平总书记所说:"中国式现代化立足中国实际,符合中国国情,有

[①] 习近平. 携手同行现代化之路——在中国共产党与世界政党高层对话上的主旨讲话 [N]. 人民日报,2023-03-16(2).

目标、有规划、有战略，我们将一步一个脚印扎扎实实向前推进。"①

在踔厉奋发的新时代，我们相信，广东将在习近平总书记和中共中央的路线指引下，以全面深化改革、建设高质量湾区而有更大的新作为，同时面向世界、深化合作，谱写更高水平对外开放的新华章。

总之，在新征程上，中国人实心实意，全民努力，通过构建新发展格局实现高质量发展，坚持人民至上，发展全过程人民民主，以中国式现代化全面推进中华民族伟大复兴，同时将给世界带来新的更大的中国机遇。

---

① 习近平：中国式现代化有目标、有规划、有战略 [EB/OL].（2023-04-13）[2023-04-19]. https://www.gov.cn/yaowen/2023-04/13/content_5751283.htm.

第二部分

「读懂中国」新平台
四论「咬定青山不放松」

一论"咬定青山不放松"

2021年新年致辞

我们这个小团体，10年来能够以赤诚之心和微薄贡献，参加到新时代党和人民创造历史的洪流中，这实在是我们的无上光荣。记得我在2013年第一届"读懂中国"国际会议的闭幕词中就说过，我们这个会，虽然规模不大，但是很有意义。我认为根本意义就在于"有开创性"，就在于"参与了新时代中国人民开创历史的伟大事业"。

回想10年前研究会成立之初，只有五六个人，现在有34位，而且都是干才，这很值得高兴啊！当然，相对于其他一些智库，我们规模很小，物质条件也不好，但我看同志们并不计较。为党、为国、为民、为事业，同志们有这种觉悟不容易，了不起！至于为名、为利、为官、为地位待遇，不在话下。

下面我说三点意见。

第一点，关于10年经验。我认为我们最主要的一条经验，就是紧紧抓住"读懂中国"这个主题不放，并且以此贯穿10年。抓住一个主题，说起来简单，但在学术团体里，像我们这样紧紧围绕一个主题，大张旗鼓地干，一干就干了10年之久，而且还打算继续这样干下去，逐步做到研究和宣传结为一体，对内宣传和对外宣传结为一体，实在不容易。我认为这就是我们的觉悟，我们领悟到以"读懂中国"四个字为主题的分量。要问这个分量由何而来？我看是来自时代，来自时代的重任落到中国共产党身上，落到中国人身上了。

再进一步思考，"读懂中国"这个话题，恐怕在今后10年、20年、30年以至更长的时间内，都将是一个世界性的重大话题，都将保持它的生命力、战斗力，而且肯定还将在世界风云激荡中不断显示其新的锋芒。至于我们的研究会，那就要看我们的作为，就要看我们能否很好地领会精神，能否紧紧把握机遇，并从而能否更加有力地发挥作用。总之，我认为我们最根本的经验，就是紧紧抓住"读懂中国"这个主题不放松，再干它三年、三年、又三年，10个三年就是30年，一辈接着一辈干，至少要一直干到中华民族伟大复兴的实现。

不久前广东的同志来信，期望我们的工作更好地面向世界，同时注意向基层下沉。我认为这有道理。而我今天在这里想要突出强调的是，我们应当用更大的精力打出去、往外走——走向世界，因为今天的世界正需要"读懂中国"，"读懂中国"这个大题目已经很显眼地提到全世界面前了。你看美国当权派在干什么，虽然美国国内乱成一锅粥，但还在拼命打压中国、丑化中国。这可是一场大斗争啊！面对这场大斗争，今天在座的我们大家都是战斗员。在党的领导下，我们一起来继续战斗吧！

而我们的战斗是从两个方面下功夫。一个方面是开好国际会议及做好相关外宣，另一个方面是做好调查研究和向中央建言。这10年来，我们围绕经济发展、社会治理、能源战略、网络战略、国际战略、中美关系、"一带一路"等多项重大课题，组织内部研究，并多次向中央建言献策，得到中央的肯定，成绩是突出的。我们讲真情，讲实话，就是我常说的"为党为国，直道心事"。这可不是吹牛，都是有案可查的。"读懂中国"是我们的主题，也是我们的中心，而且已经成为我们的会标。也正因此，中央和习近平总书记对我们非常重视和支持，中共中央宣传部和中央外事工作委员会办公室也对我们非常重视和支持。

说到这里，我想读一句清朝文学家郑板桥强烈表达他本人豪情的诗，借此与大家共勉。这句诗，七个大字——"咬定青山不放松"！我要说，我们的"读懂中国"，应当就是今天我们大家要"咬定"的"青山"，"不放松"的"青山"啊！

郑板桥这首诗题为《竹石》，全文也很好："咬定青山不放松，立根原在破岩中。千磨万击还坚劲，任尔东西南北风。"

第二点，关于2021年工作。我认为2021年应当成为我们研究会的"学习之年"。尤其上半年,直到 7 月的最重要的一件大事就是学习。至于 8 月以后,恐怕就要转到第六届"读懂中国"国际会议的筹办工作上去了。关于学习,我只提一点要求,即首先要把计划做好。马克思列宁主义、毛泽东思想、邓小平理论,等等,当然要继续学习,但今年的重点是要放到学习习近平新时代中国特色社会主义思想上来。为此我们要做出具体安排,叫作"四个确定":一要确定学习材料,二要确定学习重点,三要确定学习进度,四要确定研讨日程。研讨会要早做规划,还要安排好发言人。必须承认,我们对习近平新时代中国特色社会主义思想还不够熟悉,今年上半年要努力把这一课补上,而且一定要以学原著为主。

当然,与此同时,调研工作也要安排好。这方面的工作无疑很重要,问题是当前疫情难料,外出调研受很大限制。我们只能在做好疫情防控的前提下,尽可能做好调研工作。

第三点,也是最后一点,关于会风。我只提一句话:同志们之间的"谅解、支援和友谊,比什么都重要"。①这句话，是毛泽东在七届二中全会讲的，当时是针对高级领导干部的。但我想我们这个小团体不到40人，实在没有什么了不得的级别差异，都是一个"锅"里的，我们还是可以而且应当按照毛泽东的这项要求来做吧。

毛泽东讲这番话的全文为："书记和委员，中央和各中央局，各中央局的区党委之间的谅解、支援和友谊，比什么都重要。这一点过去大家不注意，七次代表大会以来，在这方面大有进步，友好团结关系大大增进了。今后仍然应该不断注意。"②

我之所以特别引用毛泽东的这番话，是希望我们大家都能够真正遵照他老人家的教导，时刻警醒自我。就是经常要问问自己，是不是符合这个要求。有什么地方不符合的，大家都要小心一点儿，自觉检点，而千万不要出言无忌，不要以为我们这个小团体无所谓原则，无所谓规矩。我们大家都要遵照他老人家指出的，"过去

---

① 毛泽东. 党委会的工作方法 [M]. 北京：人民出版社，2016.
② 同上。

大家不注意",后来注意了,而且"今后仍然应该不断注意"。

再说一遍,我殷切希望我们大家都能够时刻警醒,做到这一点,使我们研究会全体同志相互之间的"谅解、支援和友谊"在新的一年里来一个大进步!

二论"咬定青山不放松"

关于国创会在开春两个月集中总结经验的一点儿建议[①]

一

刚过去的 2021 年,我们没有白过。年尾算总账,不是"又亏了",而是上了一个大台阶。这里有三大标志:一是我会正规化,国家确认我会的法定社团地位;二是我会机制化,中央确定我会在每年中央全会之后即举行一次"读懂中国"国际会议;三是习近平总书记在第六届"读懂中国"国际会议上做开幕致辞,这是我会成立以来第一次。

三件大事,成为我会 2021 年形势大好的重大标志。

此外还有一件事,似也可在这里提到,那就是我会

[①] 该谈话发表于 2022 年 1 月 7 日。

广州永久会址兴建事项，已得到广东省委、省政府和广州市委、市政府确认，并已公开发布。

这是我今天要说的第一个大方面，即所谓"上了一个大台阶"。

而这个"大台阶"的实质所在，乃是我会经过8年奋斗、6届大会干下来，今天得到了党中央的肯定和鼓励。这当然是值得我们今天在座全体同志为此而高兴和庆祝，为此而鼓舞和振奋，并且由此进一步感到，一定要以新的精神面貌和新的工作水平来迎接新的一年，迎接2022年的新战斗，迎接党的二十大。

说到这里，我想提出一点儿建议：我们可否考虑，此时此刻，在2022年开春之际，拿出1月、2月这两个月的时间（假期除外），我们研究会的同志们在欢度春节的同时，来一个"总结八年，以利再战"。

二

那么怎么总结？我的意见是重点放在坚持什么，改进什么，发扬成绩，以利再战。一句话，光明的心态，乐观的气氛，团结的新局，而不是要批评这位、批评那位。这就叫作"岁尾年头话国创，喜气洋洋迎新年"。

至于总结的要点，我不揣冒昧，提议抓七条，请大家看是否妥当。

第一条，关于指导思想；

第二条，关于内部整顿；

第三条，关于争取领导；

第四条，关于地方协同；

第五条，关于广泛联系；

第六条，关于国际联络；

第七条，关于精神状态。

三

这七条的具体内涵，在这里不需要也不可能一一详说。比如第一条"指导思想"，我想大家都会一致认同，我会这8年来，始终紧紧把握"读懂中国，读懂中国共产党"的根本宗旨，无疑是完全正确的，这就叫作"大方向"，叫作"咬定青山不放松"。但是以下几条，又有所不同。因为涉及各方面的具体事项，改进余地比较大，我们就需要放开思想，过细来议，提出某些改进设想和办法。

特别是第二条"内部整顿"，我认为我们就很需要在这方面做出新的努力。

我在这里试作四项建议。第一项建议叫作"出题目"。即要求会领导同本会几大部门的同志相结合，分门别类地提出更高、更具体的工作目标，并且围绕具体要求确定改进方向和工作项目。如果用这种领导与各部门同志相结合的办法，针对部门工作的现状和问题，提出若干个（比如总共十几个）具体题目，尔后开展评议，那么新一年改进工作的"题目"就能够上下一致，各方面工作的质量和水平就会提高，就是一大进步。

第二项建议叫作"学委会"。设立学术委员会，其根本任务应是团结、联系各方有识之士来务虚，评判天下大势，提出必要建议。同时，学术委员会当然也可参与本会工作"出题目"的商讨，这也可以叫作"同行评议"。

第三项建议叫作"协调会"。会内现在已有"通气会",这很好。我们还可考虑与此同时,为了会内各部门间加强必要的协作,加一个会长或秘书长主持下的"协调会"制度,以利大家及时交流,密切协同。

第四项建议,我认为还有一个重要观念需要确立起来,就是我会应当鼓励大家(尤其是年轻同志)的个人进取,同时确认会内同志们的个人上进将能够同整个会的集体奋斗结合起来。这里一个前提是会内的集体奋斗目标("题目")应当如我在前面所说的,合理确立并且落实到人。

四

再讲以下几条,主要讲第三条、第七条。

第三条"争取领导",这里主要是指争取中宣部和外交部的领导。

国创会的体制是"党的领导,民间操作",这样定位看来是好的。其中一个重点是我们今后要更加主动地向中宣部、外交部提出请求，希望其加强对我们的领导，把国创会工作特别是"读懂中国"事业，与党和国家的外交、外宣整体部署更紧密地结合起来，把讲好中国故事与应对西方挑战结合起来，从而把国创会的独特价值和作用更好地发挥出来，把国创会在新时代的主动作为展示出来。

我们的兄弟单位，中国人民外交学会和中国人民对外友好协会，也都是我们的重要指导单位。这两个单位的领导同志给我的来信，也可请大家一阅。

当然，凡有重大意义的事项，应当在报中宣部、外交部的同时直接报习近平总书记。我们历来这样做，今后仍应这样做。

第四条、第五条，我今天不多说了。至于第六条"国际联络"，我只想强调一点，我们同俄罗斯及欧洲和东南亚的联系，还要进一步加强。

还有前不久对卡特的工作，以及对桑顿及气候问题的对美工作，则可说是具有重要意义的好例。

五

最后,我们再说到前面开列题目的第七条。这里只突出一点,我建议我们国创会同志们在1月下旬或2月上旬,开展一场"国创事业国创人"的大讨论。我认为,这个"大讨论",既可以成为我们"总结经验"的归结,又可以成为对2022年全年工作的认真动员。

这场大讨论应联系到我和几位刚才讲话同志所说的意见,而集中落到"国创事业国创人"这个题目上来。

相信这样的大讨论将有利于提高国创会的战斗力和创新力,而避免国创会仅仅成为年年照章办事的"小机关"。

相信这样的大讨论将有利于防止国创会事务化、官僚化和腐败化。

展望前景,在党的二十大精神的指引下,我们应有这样的信心——"读懂中国"与"中国和平崛起"相结合,一定能够在新的一年里取得新成绩,做出新贡献。

长远来看,我相信,"读懂中国"与"中国和平崛起"相结合将载入史册。"读懂中国"是一个伟大的事业,是我们党的需要,我们民族长远利益的需要,而且还应当说这也是世界的需要。这个历史性课题,不到21世纪中叶完不成。我们要有这个历史自觉,这也应是我们的使命。你看美国人的那个不成样子的"美国之音",用了多少年?下了多少功夫?再看那个好莱坞,经营了多少年?这也是一种历史经验。

六

以上向大家报告了我的几点浅见。

下面我再说一小段题外话,就是关于"两个全球之命运"问题的一点儿浅见。

我讲四点。

第一,21世纪第二个10年全球大势之最新发展,是"两个全球之命运"突出提到世界面前。

两面大旗——"人类命运共同体",中国高高举起;以"反华和美式民主"为幌子的美国霸权,美国高高举起。这就是在当代全球之命运问题上，两条根本对立的路线。

第二，从20世纪70年代末80年代初算起，到21世纪第二个10年，中国用40年达到世界第二，同时，中国对世界经济包括美国经济作出了重大贡献。这就是既利于本国也利于人类命运共同体的中国"和平崛起"。

美国当权集团把中国的迅猛发展及其前景视为对美国独霸事业之最大威胁。所谓"中国威胁论"，由此而起。

第三，美国这40年依靠霸权发了大财，但是由于其战略基点是军事和金融，而把实体产业外包，结果虽发了大财，实体产业却空心化了。

在此情势下，美国眼看中国发展起来并仍然坚持独立自主地走中国特色社会主义道路，这是其不可接受的。其结果就是从奥巴马后期起，特别是特朗普上台4年，直到拜登上台迄今，美国对华政策之重大逆转。

前40年的中美关系结束了，而美国现在要扼杀中国发展，为时已晚。

第四，全盘估量，美国在苏联解体后一度拥有的全面优势已然解体。尤其近5年来，其国内矛盾急剧激化，国际盟友离心离德，美国内外交困、走向衰落之势，不可避免地将成为今后30年内世界大变动之标志性的重大特征。

拜登任期还有三年，看来此时段内其对华仍将两手并用。中国顶住美国打压，但仍顾全大局，沟通协调、管控分歧，郑重提出中美和平共处。且看他们怎样动作吧。

总之，对于从现在起直到21世纪中叶之"天下大势"，似需从正负两面进一步加以估量。这就叫作既高瞻远瞩，又有底线思维。

我相信，我们大家今年以新春两个月总结经验为开端，对于全年工作会有好处。

让我们更紧密地团结起来，"咬定青山不放松"，以新的精神面貌，迎接党的二十大。

三论"咬定青山不放松"

关于"读懂中国"在 21 世纪第三个 10 年再上新台阶之纲目设想[①]

一

当前提到我们研究会面前的一个新的历史性任务是,在党的二十大精神的指引下,我们要把"读懂中国"事业推进到一个更生动、更丰富、更具说服力,在世界范围也愈益具有鲜明感染力和影响力的崭新阶段。

这当然是一件大事,时间短了不成。但是,当前我们一定要力争做到从今年起,即从 2022 年第七届"读懂中国"国际会议起,让这个会议成为我们踏上这个崭新阶段的起点。

---

① 该谈话发表于 2022 年 2 月 3 日。

二

而这首先就要求我们一定要时刻牢记习近平总书记提出的"以人民为中心",更加有系统地和更加实实在在地抓住我会成系列的主题,并且更加有力地展开,集中、精炼而又翔实地反映当代中国人民为中华民族伟大复兴而攻坚克难、开拓前进的伟大业绩。

比如说,这里有"八大力"。

一是作为当代中国人民阔步前进的根本支撑的"现代生产力"。

二是坚持改革开放、面向世界的"现代市场力"。

三是不断向生产的广度和深度进军,勇攀现代生产力新高峰的"现代科技力"。

四是融汇古今,传承5 000年传统文明而又敏锐把握当代人类最新文明成果的"现代文化力"。

五是面对14亿多人口的"超大社会"并能够高效地实行民主治理的"现代社会治理力"。

六是爱好和平而又能够坚定有力地反对霸权主义,

维护国家主权和领土完整的"现代国防力"。

七是面对包括大疫大灾在内的可以预计和难以预计的种种灾变，能够从容有力应对的"强大应变力"。

八是2023年拥有9 900多万党员，历经百年而仍然朝气蓬勃，引领时代前进的中国共产党的"强大领导力"。

三

我们要真正通过"读懂中国"的活动来很好地展现"八大力"，就需要下大苦功，开大思路，一步一步地努力构建真正高质量、成系列的工作布局。

比如说，这里又有"八大项"。

一是"读懂中国"国际会议。我们已成功举办6届，而且中央已有明确指示，要求我们今后应以机制化方式，在每年中共中央全会（或代表大会）之后举办一次这样的国际会议。应当说，这是我会全部工作的核心主题。

二是有系统地举办"读懂中国"各项专题的高水平

国际学术会议。

三是有系统地举办"读懂中国"各项专题的高水平国内学术会议。

四是包括多语种译本的,能够打开国内以至国际市场的"读懂中国"著作系列。

五是能够打开国内以至国际市场的"读懂中国"影视作品系列。

六是"读懂中国"专题调研系列,并办好高水平内部刊物。

七是提供确能有助于党和国家领导部门的内部调研报告。

八是围绕"读懂中国"主旨的出国及邀请外国人士来华的访问交流活动。

四

当然,"读懂中国"研讨的重心在当代中国;但与此同时,我们无疑还需要围绕"和平崛起"这个主题和回答"时代之问"这个重点，向着两个方面展开和深化：一是关于当代中国与历史中国，二是关于中国与外国，与面向世界的人类命运共同体。

此两大方面，尤其是第二方面，我们尤需列出专题，深化研讨，以利于全面把握中国在21世纪第三个10年的根本走向。

五

我们还要充分估计到，21世纪第三个10年当中，"读懂中国"作为一项宣传文化教育和对外工作的重大事业，必将迎来全国范围的广大发展。我们研究会同志务必提高自觉，更加积极地推进同相关文教、科研单位的合作，以及同省市党委宣传部门的合作，同时要更加虚心地向他们请教。

2020年以来，我们同广东省委、广州市委卓有成效的合作，特别是我会在广州常设机制的确立，就是一个突出好例，是一件大事。

这种方兴未艾的极好形势，如果用一句话来概括，就叫作"全党、全国'读懂中国'的时候到来了"！

六

最后，还有一点至关重要，且已为成功经验所证明，就是我们研究会一定要以高度自觉和虚心请教的精神，争取中央宣传部、中央外办和外交部的有力领导。这样的体制可以叫作"党的领导，民间操作"，实在是我们国家的一大法宝。

面对 21 世纪第三个 10 年新的形势和任务，这方面的成功经验也需进一步总结、坚持并继续发展。

七

当此 2022 年开春之际，我们利用春节前后这段时间，大家在"国创事业国创人"的大讨论中，以"关于'读懂中国'在 21 世纪第三个 10 年再上新台阶之纲目设想"为中心主题展开思考，并且力争能够逐步形成从2022年起步的工作新局面，看来是完全必要和非常及时的。

而这就要求我们大家，眼界再打开一点儿，思想再解放一点儿，个人努力方向同我们研究会整体事业发展之结合也更紧密一点儿。

说到这里，我还要顺便说明，即我今天所说，对于我们研究会内部管理工作诸方面事务基本没有涉及。实际上，会内党组织的生活制度难道不重要？会内同志们的实际思想状况难道不重要？会内管理例如财务工作难道不重要？毫无疑问，这些方面都极其重要。但我认为，在我们这次春节前后的讨论中，这些主题不必放在这里。我想同志们对此是理解的。

总而言之，在以习近平同志为核心的党中央坚强领导下，"读懂中国"这个事业有前景、有办法、有希望，而且我们还应当说，真正是有大希望的！

我们国创会38位同志，方向明确，同心同德，咬定青山不放松，值得干啊！

四论"咬定青山不放松"

在"读懂中国·湾区对话"闭幕后，
会内同志聚餐时的谈话①

借会内同志今晚聚餐的机会，我想谈一下对这次"湾区对话"的三点感想，以及关于我们研究会再上新台阶的两大方面和六个着力点。希望能够引起大家的思考。

先来谈对于这次"湾区对话"的三点感想。

第一点，首先要肯定，三天大会开下来，我们打了一个"大胜仗"。但这个"大胜仗"还不够大，因为到2023年底时的12月，我们还要打一场更大的仗，就是第七届"读懂中国"国际会议。那届会议是11月党中央全会之后一定要开的，而且是一定要开得更好的。

第二点，打了胜仗，要不要再想一下我们面临的前

---

① 该谈话于2023年4月20日发表于广州。

景呢？前景是一片坦途，还是有更大的考验呢？我看是面临更大的考验，因为形势多变，强手如林。我们切不可自以为有多么大，有多么强，自满自足。更根本的一点是，中央的要求更高了。

第三点，在强手如林和中央要求更高的新形势下，我们真正的出路在什么地方呢？我认为就在于面对新的考验，在更深入地"读懂中国"的同时，把"读懂中国"与"读懂世界，读懂大变动时代"更紧密地结合起来，为此而放开眼界，调整布局，达到新水准的自强。

而第三点就是我要向大家强调的，我们研究会当前面对的关键问题。

那么，如何放开眼界，调整布局，达到新水准的自强呢？

在我看来，有六个着力点。

第一个着力点是要把我们的力量首先投入我们会址所在的广东省广州市和粤港澳大湾区。我们这个大湾区可是面对着几大强手，一个是日本东京湾区，往东是旧金山湾区，再往东就是美国东海岸的纽约湾区。这三大湾区对着我们的粤港澳大湾区，看谁能搞得更好。10年见分晓？也许比10年长，也许比10年短。事在人为，竞争是不可避免的，是已经摆在眼前的。而至关重要的是习近平总书记视察广东时，实际上已经挑明了这一点，他指出了粤港澳大湾区的战略地位和光明前景。我们应当认真领会，并在认真领会的基础上，把我们的研究力量也在粤港澳大湾区适当布局。其根本之处是做好战略研究。研究要有分量，有新意，不是讲空话，不是讲老话，并且争取及时上报省市委，上报中央。比如能否三个月（或更长时间）上报一次？

第二个着力点是注意东方。什么东方？首先是东南亚，然后还有亚欧大陆的东大陆。东大陆大家知道，除了俄罗斯，还有一大批中小国家，这些中小国家可都是我们的朋友，必须紧密联系在一起。而我们研究会在这方面的工作，包括东南亚和东大陆，做得很少。老实说，我们过去同美国的交流相对还多一点儿，同欧洲的交流相对也还多一点儿，反倒同东南亚和东大陆的交流很少！朋友少，来往也少。这是一个相当大的失误，我要负主要责任。但是现在纠正还来得及，所以第二个着力点是东方。当年斯大林有个著名口号，叫作"不要忘记东方"。他们那时是要搞世界革命，四处点火。我们现在不干这个，我们要干的是"和平崛起"。附带说一下，"和平崛起"这个话是我提出来的。这有什么错呢？不是说战争崛起，又不是说只我们一家崛起。我的提法是中国能够"和平崛起"，同时与东南亚国家共同"和平崛起"，与世界上一大批发展中国家共同"和平崛起"，并且同时提出发达国家也应"再发展"。这有什么错呢？

第三个着力点是"全球南方"，即不仅包括上述第二个着力点"东方"，还包括非洲、拉丁美洲在内的"全球南方"。在今天的多极世界里，"全球南方"的排位应在欧洲之前。一个日益明显的趋势就是"全球南方"国家正日益强大起来，将会比过去更加有力地抗拒美西方的无理要求和施压。我们无疑要加强同南方诸国的交往和合作，而且要力争把握新的动向和新的着力点。

第四个着力点是欧洲。讲到欧洲，可真是有新的迹象冒头了。马克龙在中国发表的一篇讲话，算是放了一个"爆竹"，欧洲政界轰动了。他们自己先吵，吵的结果如何？我们冷静观察吧，从大势来看可能同我们进一步合作。法国前总理拉法兰是我的老朋友，以他为主席的法国展望与创新基金会已经成为"读懂中国"国际会议的联合主办方，德国的相关机构难道不也可以加入主办方吗？

第五个着力点是中国，这是我们的根本立足点。要继续从多方面下功夫深化研究。当前有一个好例，我们今天上午着重把习近平总书记提出的"全过程人民民主"的基层民主实践在大会上展示出来，这就开了一个好头。我们还出了一本书，叫作《全过程人民民主在中国》，我们把现在已经干起来的30多家基层单位的故事整理出来，图文并茂，并加以点评，大家看了都很高兴。这件大事，继续做起来可不得了。你想想，14亿人口活跃起来，向着"全过程人民民主"这个正道努力，可是了不起啊！如此生机蓬勃的14亿人口，世界上有过吗？古往今来有过吗？

第六个着力点是关于我们研究会的自身建设。当前，面对形势和发展，我们有两大问题需要认真思考。一是，需要有一个更加紧密合作和更加高效运作的领导核心。二是，需要适当调整我们研究会的力量组合。

先谈领导核心问题。集中到一点，就是要有一个大体定期（比如两周一次）召开的"会长办公会"。其职能有五：一是管重要人事，二是管重要外事，三是管重要会议，四是管重大财务，五是管思想政治和会内民主生活。这样一个"会长办公会"，理所当然地成为我们研究会的总枢纽。

再谈适当调整研究会的力量组合问题。集中到一点，就是围绕"读懂中国，也要读懂世界，读懂大变动时代"这17个字的总方针并结合前面所说的六大着力点，进一步抓好两件大事。一是把"读懂中国"国际会议作为我们坚持不变的中心工作。二是为了更有力地配合这项中心，而把"三个读懂"的科研工作提到更重要的地位上来。两件大事紧密结合，会内同志做进一步的合理分工，并且争取进一步充实力量。而所谓"充实力量"，就包括聘请中央党校的已经和即将退下来的，愿意来我会参加研究工作的同志。当然，这里也还联系到我会的学术委员会的建立问题。

总而言之，如果围绕17个字的总方针办好两件大事，立足中国而又放眼世界，明确分工而又配合无间，并且力争三个月出一次向上报的研究成果，再加上一年打1~2次大仗，这样来形成有利结构，肯定将有利于更好地为党和国家的大局服务。还有一点，顺便说一下：近日得悉，全国社科工作办已批准我会单独开设户头，今后我会可以直接向全国社科工作办申请国家级课题，而不必照过去的老规矩，即先通过中国科学院，再转中央党校，之后才能报全国社科工作办。据了解我们是目前国内唯一一家有这种资格的社团，这在全国社科工作办是没有先例的。

最后再说一段归结的话：在21世纪20年代的今天，我们研究会要更好地前进，再上新台阶，这17个大字——"读懂中国，也要读懂世界，读懂大变动时代"，加上"六大着力点"，具体落到"两件大事"，似乎可以作为应予采纳的好方针。但如果以这个好方针来衡量，我们实际上还是落后的。我们尤其要对照习近平总书记在广东的讲话，检查一下我们做了多少事。差得远！同志们，十年来我们开过六次成功的大会，再加上这回又开了一次虽低半格但很成功的大会，我看大家很高兴。今天晚上就是庆功宴，但是反躬自问，我们究竟立了多少功呢？仅是一个好的起步。所以我深感，我们的会领导要清醒、要努力，我们会的全体同志要清醒、要努力，而在座大多数同志都是年轻人，你们尤其要清醒、要努力。比如说你现在30岁，努力干3~5年而成为这个方面、那个方面的专才，从而能够对我们的事业作出更大贡献，是完全可能，有大希望的。当然，我们还要进一步充实力量，尤其是科研力量，此事已提到重要日程上来。

以上就是我的一点儿浅见。浅见也许不周全、不尽妥，但总是好心，不甘落后。还可借用一句老话："匹夫之言，贤者择焉。"

话说到这里，主要是讨论了稍微长远一点儿的话题——我们研究会的改革前景。而当前更紧迫的事，是我今晚谈话的最开头，"三点感想"的第一点，即要准备在今年 12 月打一场"更大的仗"，开好第七届"读懂中国"国际会议。满打满算，我们还有不到 6 个月的时间。总之，抓自身改革，打更大胜仗，相信这一定能够成为我们研究会 2023 年的最大特色。

第三部分

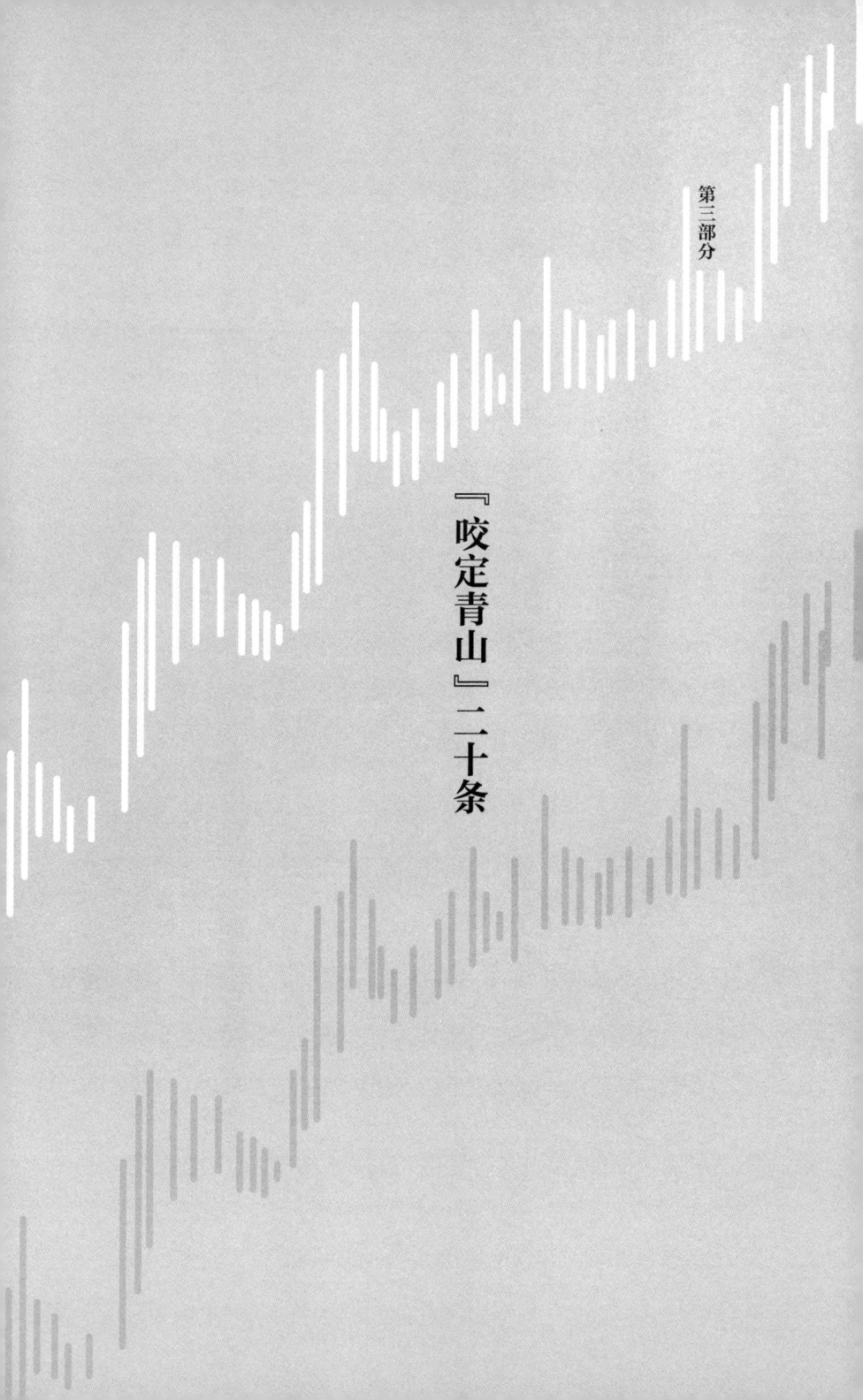

『咬定青山』二十条

"咬定青山"二十条

在习近平总书记和党中央的亲切关怀和有力指引下,我们中国国家创新与发展战略研究会在从 2013 年算起的十年间,成功地召开了总共七届"读懂中国"国际会议。

十年经验,关键是思路打开了。借今天总结十年的时机,把历届"读懂中国"国际会议主旨讲演中的若干有益观点摘录如下,以为纪念。

一

"大变动、新觉醒"

我多年一贯的全部思考,如果用一句话来概括,就是6个字："大变动、新觉醒"——"以中国和平崛起为主题的中国大变动、新觉醒"和"以世界和平发展为主题的世界大变动、新觉醒"。

联系近代以来三轮经济全球化的发展历程，看中国人是怎样走过来的。大体而言，第一轮经济全球化开始于1750年前后，第二轮经济全球化发生在19世纪末20世纪初，第三轮经济全球化从20世纪70年代越南战争结束之后，就逐步启动了。

在第三轮经济全球化潮流中，从1978年十一届三中全会开始，中国共产党确定以经济建设为中心，实行改革开放，开创了一条在同经济全球化相联系而不是相脱离的进程中独立自主建设中国特色社会主义的道路，也就是和平崛起或和平发展的道路。

二

中国和世界大变动的"两重性"

无论是中国的还是世界的大变动，往往呈现令人眼花缭乱的"两重性"发展。在这样一种大背景下，人类社会无非有三种选择、三种作为：一是固守冷战思维，搞各种形式的冷战；二是世界大战虽然打不起来，却可以搞局部热战；三是走新路，构建国家之间、地区之间各种形式的利益汇合点和利益共同体，以谋求共同发展。

中国大变动、新觉醒和世界大变动、新觉醒的真正大文章还在后头！在"大变动、新觉醒"之后，再加3个字——"两重性"，共9个字，以此作为我全部思考的概括。

三

"两个一百年"和中国共产党的两次根本性考验和应对

中国特色社会主义最本质的特征就是中国共产党的领导。今天的中国共产党，一个鲜明的特点和优点就是同以"和平与发展"为主题的时代相联系，而不是相脱离。邓小平同志有名言："我们要赶上时代，这是改革要达到的目的。"①

中国共产党建党百年和新中国成立百年，就是中国人通常所说的"两个一百年"。来看五项数据：一是中国共产党党员人数，由1921年的50多名发展到2015年的8 700多万名；二是中国共产党领导中国人民干了28年革命（包括22年武装斗争），建立了中华人民共和国；三是2010年中国经济总量排名世界第二，2020年"全面建成小康社会"；四是中国到2035年才能基本实现社会主义现代化；五是即便到那时，按人均GDP计算，中国还只能算中等发达国家。

这就叫作"一分为二"——"赶上时代"问题上的"一分为二"。

百年之内，中国共产党经历了两次根本性考验和两次根本性应对：第一次是"战争和革命"为主题的时代大考验，转化为中国人站起来的大机遇；第二次是新形态考验又逼出了中国的改革开放——"第二次革命"。

---

① 邓小平. 改革的步子要加快（1987年6月12日）[M] // 邓小平文选：第三卷. 北京：人民出版社，1994.

四

中国共产党百年之路的"两大段","两个'之'字形"

中国共产党百年之路的"两大段",实际上是走了"两个'之'字形"。所谓"两大段",即前段28年,为民主主义革命阶段;后段66年,为中华人民共和国成立后的革命、建设和改革开放新时期。

所谓"两个'之'字形",前一个"之"是指28年的民主革命时期中国共产党所走过的有如"之"字的曲折道路。后一个"之"是指中华人民共和国成立至今所走过的有如"之"字的曲折道路。

改革开放至今,中国走出了一条中国特色社会主义的全新战略道路:一是坚持以经济建设为中心,实行改革开放,发展社会主义市场经济;二是坚持社会主义基本制度,推进国家治理现代化;三是坚持独立自主而又与经济全球化相联系;四是坚持和平发展。

五
"赶上时代"的中国共产党

只有"赶上时代"才能"救中国",只有"赶上时代"才能"发展中国"。"赶上时代"这个大命题,不仅贯穿中国共产党已经走过的一百年,也将在整个社会主义初级阶段决定中国共产党人的使命感和价值追求。

中国共产党要领导人民赶上时代,中国共产党的自身建设也要赶上时代。中国共产党是一个很独特的伟大政党:一是中国共产党不是在和平环境下成长起来的政党,而是领导最广大中国人民,经过人民革命战争血与火的考验而取得全国政权,并长期执政的世界最大政党;二是中国共产党不是立党为私、松懈散漫的政党,而是既有严密的组织纪律,又有广泛的群众性的先进政党;三是中国共产党不是打着"世界革命"旗号搞霸权主义的政党,而是不拘泥于社会制度和意识形态差异,努力寻求与其他国家的利益汇合点,带领中国走和平发展道路,并同一大批发展中国家共同和平发展的政党;

四是中国共产党不是故步自封、僵化怠惰的政党，而是立足于社会主义初级阶段这个最大实际，自觉赶上时代的，学习型、服务型、创新型政党。

中国共产党注定将在"变"与"不变"的统一中，在"赶上"与"超越"的统一中"赶上时代"。不断改革创新发展是"赶上时代"的根本要求，而这本身就意味着一定要努力奋进到时代前列，那也就是超越。

至于某种舆论，说只有多党竞争才算民主，只有搞这样的民主才有资格搞现代化，中国人不能认同这一点。归根结底，走自己的路，依靠改革创新和后发优势而进入时代前列，赶上与超越相统一，从而实现中华民族伟大复兴的中国梦，才是真正意义上的"赶上时代"。

六
读懂改革开放再出发的中国

"读懂中国"和"读懂世界"，这两个"读懂"，无论对中国，还是对世界，都要一分为二。

在今天，重点是要"读懂改革开放再出发的中国"，认识到改革开放再出发的中国必将带来"中国发展的新动能"和"全球合作的新机遇"。

改革开放再出发的中国是从哪里出发的呢？中国既是从过去改革开放取得的历史性进步的基础上出发的，也是从今天我们面临的新的社会主要矛盾出发的。

以邓小平为代表的中国共产党人开启了改革开放的历程，这个叫作"决定当代中国命运的关键一招"。通过改革开放，我们成功实现了两大历史性转折：第一个历史性转折是从高度集中的计划经济体制转到充满活力的社会主义市场经济体制，第二个历史性转折是从封闭半封闭的状态到全方位、多层次、宽领域的对外开放。

改革开放再出发的中国兼有进步和落后的两重性，这是一切的出发点，也是根本的出发点。

改革开放再出发的中国将在全面加强中国人民的"生产力""国防力""文化力""社会治理力"这四个大"力"的同时，把"市场力"和"创新力"这两大"力"提到更加突出的战略地位上来。

我们有可观的生产力、强大的国防力、独特的文化力、举世无双的社会治理力，而今我们还有现代市场力。与此同时，还有一个创新力的问题。

七
"大市场"的吸引力，"两重性"的忍耐力

有一句老话：中国绝不会称霸世界。还有一句新话：中国要和各国人民共同构建人类利益共同体和人类命运共同体。

国际大局同样是"两重性"发展。一方面，广大发展中国家共同和平崛起及发达国家再发展；而另一方面，民粹主义蔓延和国际关系上的霸权主义相结合引发的多方面冲突。对于这种新形势下"两重性"问题的充分的精神准备，将是我们事业胜利必不可少的精神条件。

以两句话来总结：一句是，我们具有建立在"大市场"基础上的人类利益共同体和人类命运共同体的全新国际关系理念，由此而形成的"吸引力"是一种克

"难"制胜的强大战斗力；另一句是，我们具有在顺利和困难"两重性"复杂态势下能够"熬得过"的"持久战"传统，由此而形成的"忍耐力"是又一种克"难"制胜的强大战斗力。

八
改革开放再出发和战略机遇期

要读懂新时代的中国，就要把中国"改革开放再出发"这个贯通全局的重大命题同广东改革发展的实践结合起来，并且同新一轮经济全球化的时代大势结合起来。

"改革开放再出发"有两重含义：一重含义是，"再出发"必定是牢牢立足于改革开放40多年伟大成功基础上的"再出发"；另一重含义则是，"再出发"必定是面向未来，面向国际国内新前景，面向21世纪20年代的时代潮流和战略机遇期的"再出发"。

我们面临的战略机遇期：第一，这将是一个同经济全球化向着新一轮（第四轮）发展相联系的战略机遇期；第二，这将是一个同世界格局进一步向着多极化发展相联系的战略机遇期；第三，这将是一个同包括中国在内的一大批发展中国家共同和平崛起相联系，并同包括美国在内的发达国家再发展相联系的战略机遇期；第四，这将是一个同新时代中国特色社会主义按照总体布局向上跃升相联系的战略机遇期；第五，这还将是一个同大国单边主义、霸权主义在曲折中不可避免地走向相对弱势以至没落相联系的战略机遇期。

九
改革开放再出发的"一分为二"

围绕"改革开放再出发"，我们来看两项数据。一项数据是，今天中国一半以上的人口仍然生活在农村地区和小城镇，而且无论人均 GDP 水平、科技教育水平还是生态水平，都还比较落后。另一项数据是，即便到 2035 年，尽管那时中国 GDP 总量可能超过美国，但是人均 GDP 只能达到美国的 60%~70%。

这就叫作"一分为二"——中国基本国情问题上的"一分为二"。

围绕"改革开放再出发",紧迫的课题有哪些呢?大体而言是三项:一要保障中国从速度型经济向质量型经济的转型;二要保障区域经济特别是粤港澳大湾区、长江三角洲和京津冀这三大区域的发展,同时进一步解决东部、中部、西部地区发展不平衡问题;三要加大科技创新特别是自主创新力度,推动制造业从中低端向中高端提升。

十
改革开放再出发与新一轮经济全球化

生产力、创新力、市场力、社会治理力这"四大力":一是解放和发展"生产力";二是实施创新驱动发展战略,提升"创新力";三是进一步完善社会主义市场经济体制,打造更加健全的"市场力";四是进一步完善政府的社会服务功能,打造更有效能的"社会治理力"。

"改革开放再出发"以及由此带来的"再发展",是同世界格局变动特别是新一轮经济全球化的到来紧密联系在一起的。

进入21世纪第一个10年后期,在经济全球化问题上,一方面有重大推进,另一方面又有重大逆动。重大推进是中国关于"一带一路"的构想应运而生,而重大逆动是美国在对待经济全球化问题上的严重倒退。

我们从来都肯定,从20世纪70年代开始的由美国设计和主导的第三轮经济全球化,曾对世界经济发展做出有益贡献;但是,与此同时,我们又从来都清醒估量,美国的根本性追求乃是维护其作为唯一超级大国的全球霸主地位。

十一
新一轮经济全球化与中国再发展

当前,一个迫切的重大问题提到面前,即时代呼唤经济全球化的全新架构。习近平主席2018年在G20提出的四项主张，恰恰就是这种历史性要求的鲜明反映：第一，在开放中做大世界经济的蛋糕；第二，在创新中发掘世界经济的新动力；第三，在包容中破解世界经济失衡的难题；第四，在联动中完善全球经济的治理。

世界正迎来一个以多极化世界为基础，以利益汇合点、利益共同体基础上的"人类命运共同体"为主轴，以"和平与发展"为真正主题的新一轮（第四轮）经济全球化。

中国能不能成功地"再发展"，关键不在别人，而在自己，在中国共产党。这样说的根据有三点。一是中国共产党作为一个百年大党，它的根深深扎在中华民族文明传统这块肥沃土壤之中，是全心全意为实现中华民族伟大复兴而奋斗的中国工人阶级的先锋队、中国人民和中华民族的先锋队。二是中国共产党坚持马克思主义中国化，因而总是能够在发扬光大中华民族文明传统的同时，敏锐把握时代发展，赶上时代以至引领时代。三是中国共产党还是一个勇于自我革命的政党，不仅为人民坚持真理，也为人民修正错误，自觉清除自身肌体的腐败因素，因而能够保持先进性和纯洁性。

十二
"大变局""大考验""大合作"

一场突如其来的大疫灾，出乎预料地打乱了全人类进入21世纪第三个10年之际的发展进程和一切预期。

一股保护主义、单边主义、民粹主义思潮及其掀起的逆全球化浪潮，又出乎预料地给世界带来了更大的不确定性。

这就叫作"变中生变，变上加变"，世界进入"动荡变革期"。

这就是我们今天面对的"大变局"。

"大变局"本身，意味着"大考验"。

一是能否克服单边主义，携手战胜疫灾；

二是能否在携手战胜疫灾的同时，修复全球产业链，重振新一轮经济全球化，重启发展；

三是能否在战胜疫灾和重启发展的基础上，进一步排除各种干扰，从而打开面向21世纪第三个10年以至更长时期世界和平发展的新局面。

而贯穿"大变局、大考验"的是一项根本性的历史要求，那就是从进入21世纪第三个10年算起，在全球范围内，在不同社会制度、不同发展阶段和不同利益诉求的各个地区和各个国家之间，经历多边和单边、开放和封闭、合作和对抗的重大考验，从而逐步实现"大合作"。

十三
中国与世界各国"大合作"

这种"大合作"已见端倪。这是事实，但这只是一个方面的事实，事情的发展还有另一个方面。那就是霸权国的当权政客，在公然宣布"放弃控制疫情"的同时，"甩锅"中国。

面对严重逆动，中国从容布局。一个最集中的表现就是中国共产党第十九届中央委员会第五次全体会议通过的《中共中央关于制定国民经济和社会发展第十四个五年规划和二〇三五年远景目标的建议》。应当说，这个建议是当前国内国际条件下14亿中国人应对大变局、大考验，推进大合作的根本性战略抉择。

这个规划所要回答的问题，乃是在中国"两个一百年"奋斗目标的历史交汇点上，在国际环境日臻复杂、不稳定性和不确定性明显增加的大背景下，中国共产党打算怎样统筹中华民族伟大复兴战略全局和世界百年未有之大变局。

这个规划还包含着一个更深层次的战略估量，那就是在清醒分析当前国内国际有利和不利条件基础上，中国共产党中央坚信，中国仍然处于一个重要的战略机遇期。面对21世纪第三个10年和尔后更长时期，中国人将保持战略定力，集中力量办好自己的事。中国将在危机中抓转机，在变局中开新局，还将在发展自己的同时与世界各国进行"大合作"，打开更加广阔的天地。

可以总结为四句话：

第一句话，坚持改革开放，集中力量办好中国自己的事。

第二句话，实现两个大循环，以国内大循环为主体，促进国内大循环和国际大循环相联通，构造中国发展新格局，建设更高水平的开放型经济新体制。粤港澳大湾区建设就是一个很好的例子。

第三句话，坚持到2035年基本实现社会主义现代化，到2050年把中国建成富强民主文明和谐美丽的社会主义现代化强国，实现中华民族伟大复兴。

第四句话，在积极参与海上全球化的同时，以"一带一路"推进陆上全球化，从而形成世界历史上前所未有的新一轮海陆并举全球化，再加上积极参与网络全球化。

十四

中国和平崛起关键阶段的"角色观"

从生产自我供给的程度看，中国是全世界唯一拥有联合国"产业分类"中全部工业门类的国家。可以说，世界上最不怕被孤立的是中国，最有条件独立自主干而不靠外面的是中国。但是，中国仍然坚定不移地扩大对外开放。正是基于这样的战略态势，从现在起到2035年，将成为中国和平崛起的关键阶段。

习近平总书记在纪念中国人民志愿军抗美援朝出国作战70周年大会上所指出的，"中华民族是吓不倒、压不垮的"，"中国人民不惹事也不怕事"，"对待侵略者，就得用他们听得懂的语言同他们对话，这就是以战止战、以武止戈"。[1]

习近平总书记还曾深刻指出："把握国际形势要树立正确的历史观、大局观、角色观……所谓正确角色观，就是不仅要冷静分析各种国际现象，而且要把自己摆进去，在我国同世界的关系中看问题，弄清楚在世界格局演变中我国的地位和作用，科学制定我国对

---

[1] 习近平. 在纪念中国人民志愿军抗美援朝出国作战70周年大会上的讲话（2020年10月23日）[M]// 论中国共产党历史. 北京：中央文献出版社. 2021：296–298.

外方针政策。"①

世界格局的演变具有两重性：有正面变局，也有负面变局。同"负面变局"相对立，中国与世界关系的历史性发展正愈益显著地成为当今世界"正面变局"的一个根本支点。而中国的和平崛起乃是以中国特色社会主义全面现代化为根本动力的中华民族伟大复兴，而绝非那种近代世界史框架内的新霸主取代旧霸主。

中国要坚持高扬全球治理、多边主义和人类命运共同体的旗帜，来应对霸权主义。

十五

读懂中国共产党的百年历史经验

2021年是中国共产党成立100周年，其中一个中心主题，就是把握中国特色社会主义在21世纪的根本走向。

要读懂中国和中国共产党，首先就要懂得，高度重

---

① 习近平. 努力开创中国特色大国外交新局面（2018年6月22日）[M] // 习近平谈治国理政：第三卷. 北京：外文出版社，2020.

视总结历史经验乃是中国共产党一项极为重要的优良传统。

毛泽东同志有一句名言："我是靠总结经验吃饭的。"①他还说过："善于总结经验，就是领导者的任务。"②

在中国共产党百年历史上，以中央全会级别来总结党的历史经验，并且郑重做出历史问题重大决议的，至今只有三次。一是以历史经验为鉴戒，极大地统一了全党的思想，加强了党的先进性和纯洁性建设，增强了党的团结；二是以历史经验为基础，极大地深化了对中国革命和建设规律的认识，提高了党的领导能力，推进了马克思主义中国化；三是以历史经验为动力，极大地坚定了继续开拓进取的决心和信心，明确了继续前进的方向和目标，形成了全党上下齐心协力为实现党的战略目标而不懈奋斗的政治自觉。

尤其需要注意的是，中国共产党总结的"历史经

---

① 张西立. 毛泽东透露成功法宝："我是靠总结经验吃饭的"[N]. 学习时报, 2017-12-07.
② 中共中央文献研究室. 关于总结财经工作经验给谢觉哉的信（1941年8月22日）[M] // 毛泽东文集：第二卷. 北京：人民出版社，1993.

验"，既包含党自身的成功经验，也包括党自身的失败教训。我们在总结成功经验和失败教训中要做到"实事求是"，坚持"解放思想"，实现"与时俱进"。

十六
中国共产党的三次"大觉醒"

到了今天，中国共产党领导中国人民走出来的中国特色社会主义道路，是一条在同经济全球化相联系而不是相脱离的进程中独立自主建设中国特色社会主义的和平崛起之路，也是一条既不同于西方国家那种殖民掠夺和战争侵略，也不同于苏联那种军事争霸和意识形态输出的和平崛起之路，归根到底，更是一条我们独立自主开创的、前无古人的、将引领中国人民实现国家富强和人民幸福，并同世界各国结成利益汇合点及利益共同体基础上的"人类命运共同体"所必经的和平崛起之路。

在中国共产党的历史上，找到新民主主义道路，可以说是党的第一次大觉醒；开辟中国特色社会主义，可以说是党的第二次大觉醒；开创新时代中国特色社会主义，则是党的第三次大觉醒。

这三次大觉醒，使马克思主义的科学性和真理性在中国得到充分检验，使马克思主义的人民性和实践性在中国得到充分贯彻，使马克思主义的开放性和时代性在中国得到充分彰显。

十七
"人类命运共同体"鲜明地提到世界面前

21世纪第二个10年，以和平与发展为主题，包含广大发展中国家共同发展的历史要求，同时又包含美西方在内的发达国家再发展要求的，具有全球包容性和高远前瞻性的"人类命运共同体"正鲜明地提到世界面前。

从现在起直到21世纪中叶的30年，将有可能成为"人类命运共同体"在世界范围逐步实现的关键阶段。随着"人类命运共同体"在世界范围逐步成为现实，中美关系等大国关系将有可能经过种种曲折，逐步转化到一个平等相待、和平共处的轨道上来。这才真正是人心所向。

历史经验和教训时刻提醒中国共产党人，面对胜利与成功，必须倍加谦虚谨慎。我们将以冷静和谦虚的态度，保证继续走稳走好中国特色社会主义道路，而且越走越宽广。中国希望与世界和平相处，而深恶痛绝于世界近代史上反复上演，并给世界人民带来深重灾难的，新旧霸主之间竞相争夺的丑恶表演和奇灾大祸。

十八
在高质量发展中实现中国式现代化

在高质量发展中实现中国式现代化，是百年变局下最根本的中国新作为。

今天中国经济正在转型，正在从"高速度"转向"高质量"发展新阶段。大体而言，这个"新阶段"可以叫作"六大力""两步走"。

先说"六大力"：一是自主创新力，二是有序市场力，三是制度型开放力，四是绿色生产力，五是数字经济与实体经济深度融合的新型产业力，六是统筹各方的经济社会协调力。

再说"两步走"：第一步，从 2020 年到 2035 年基本实现社会主义现代化；第二步，从 2035 年到 21 世纪中叶把中国建成富强民主文明和谐美丽的社会主义现代化强国。

十九

在中国与广大发展中国家共同和平崛起中推动构建人类命运共同体

在中国与广大发展中国家共同发展中推动构建人类命运共同体，是百年变局下中国最突出的新作为。

中国不走殖民掠夺的老路，不走国强必霸的邪路，也不搞意识形态输出，而是创造性地走出了一条和平崛起的新路。不仅如此，中国还期待能够与广大发展中国家共同发展，发达国家也坚持和平再发展，从而更好地扩大各国利益交汇点，形成人类命运共同体。

二十
在文明交流互鉴中推进中华民族现代文明建设

在文明交流互鉴中推进中华民族现代文明建设，是百年变局下中国最深刻的新作为。

这种新作为体现在国内和国际两方面。在国内，坚持和发展中国特色社会主义，推动物质文明、政治文明、精神文明、社会文明、生态文明这五大文明协调发展，创造中国式现代化新道路，创造人类文明新形态。在国际上，在世界范围内推动文明交流互鉴，在全人类共同价值的基础上构建人类命运共同体。